CLASSIQUES EN POCHE

Collection dirigée par Hélène Monsacré

Dans la même collection

1. Aristophane, *Lysistrata*.
2. Aristote, *Constitution d'Athènes*.
3. Cicéron, *L'Amitié*.
4. Platon, *Alcibiade*.
5. Suétone, *Vies des douze Césars, Claude ~ Néron*.
6. Plotin, *Première Ennéade*.
7. Eschyle, *Les Sept contre Thèbes*.
8. Platon, *Critias*.
9. Aristote, *La Poétique*.
10. Horace, *Odes*.
11. Pline l'Ancien, *Histoire Naturelle, XXXV, la Peinture*.
12. Virgile, *Bucoliques*.
13. Platon, *Ménexène*.
14. Tacite, *Vie d'Agricola ~ La Germanie*.
15. Platon, *Protagoras*.
16. Sophocle, *Antigone*.
17. Sénèque, *La Vie heureuse ~ La Providence*.
18. Cicéron, *Le Bien et le Mal, De finibus, III*.
19. Platon, *Gorgias*.
20. Hérodote, *Histoires*, *II*, *l'Égypte*.
21. César, *Guerre des Gaules, I-II*.
22. Ovide, *Les Amours*.
23. Plotin, *Deuxième Ennéade*.
24. Sophocle, *Œdipe Roi*.
25. Tite-Live, *Histoire romaine, I, La Fondation de Rome*.
26. Virgile, *Géorgiques*.
27. Pseudo-Sénèque, *Octavie*.
28. Catulle, *Poésies*.
29. Aristote, *Politique II*.
30. Aristophane, *Les Guêpes*.
31. Homère, *Iliade, chants I à VIII*.
32. Euripide, *Les Bacchantes*.
33. Plaute, *Pseudolus*.
34. Tertullien, *Apologétique*.
35. Homère, *Iliade, chants IX à XVI*.
36. Platon, *Phèdre*.
37. Homère, *Iliade, chants XVII à XXIV*.
38. Salluste, *La Conjuration de Catilina*.
39. Cicéron, *Pro Milone*.
40. Platon, *Lysis*.
41. Plotin, *Troisième Ennéade*.
42. Diogène Laërce, *Vie de Platon*.
43. Pline l'Ancien, *Histoire naturelle, XXXIII, Nature des métaux*.
44. Pétrone, *Satiricon*.
45. Apulée, *Apologie*.
46. Lucien, *Alexandre ou le faux prophète*.
47. Plutarque, *Les Vies parallèles. Alcibiade ~ Coriolan*.
48. Démosthène, *Sur la Couronne*.
49. Euripide, *Hécube*.
50. Mamertin, *Panégyriques de Maximien (289 et 291)*.
51. Platon, *Hippias mineur*.
52. Xénophon, *Anabase, I-II*.
53. Suétone, *Vies des douze Césars, Tibère ~ Caligula*.
54. Salluste, *La Guerre de Jugurtha*.
55. Eschyle, *Les Perses*.
56. Sophocle, *Ajax*.
57. Horace, *Satires*.
58. Homère, *Odyssée, chants I à VII*.
59. Homère, *Odyssée, chants VIII à XV*.
60. Homère, *Odyssée, chants XVI à XXIV*.
61. Juvénal, *Satires*.
62. Cicéron, *De la vieillesse (Caton l'Ancien)*.
63. Julien, *Misopogon*.
64. Aristote, *Économique*.
65. Pline l'Ancien, *Histoire naturelle*, XXX, *Magie et pharmacopée*.

THOMAS MIDDLETON

FEMMES, MÉFIEZ-VOUS DES FEMMES

Traduction de l'anglais, introduction et notes

par

Georges Borias

LES BELLES LETTRES

2006

Dans la même collection (suite)

66. Platon, *Apologie de Socrate.*
67. Eschyle, *Les Suppliantes.*
68. Christopher Marlowe, *La Tragique Histoire du Docteur Faust.*
69. *La Bhagavad-Gîtâ.*
70. Ben Jonson, *Volpone ou le Renard.*
71. William Shakespeare, *Richard II.*
72. William Shakespeare, *Les Joyeuses Commères de Windsor.*
73. Pierre Gassendi, *Vie et mœurs d'Épicure*, vol. I.
74. Pierre Gassendi, *Vie et mœurs d'Épicure*, vol. II.
76. John Webster, *La Duchesse d'Amalfi.*
77. Jean Second, *Les Baisers* - Michel Marulle, *Épigrammes.*

Ce texte et la traduction sont repris du volume correspondant de la collection « Théâtre Anglais de la Renaissance », 1re édition 1995

95 bd Raspail 75006 Paris.
www.lesbelleslettres.com

ISBN 10 : 2-251-79990-7
ISBN 13 : 978-2-251-79990-2

Qu'il me soit permis ici de remercier Leo Salingar, Fellow de Trinity College, Cambridge, dont l'amicale conversation a si lumineusement éclairé certaines pages de la pièce. Ma reconnaissance va à Claire Malroux pour ses encouragements et ses conseils ; à Pierre-Étienne Heymann et à Jean Jourdheuil qui, avec la générosité et la courtoisie des gens de théâtre, m'ont évité de tomber dans les pièges les plus grossiers. Mon collègue et ami Nigel Turner a accepté de traquer inexactitudes et fautes de copie. Merci à tous de la patience avec laquelle ils ont prêté une oreille indulgente à mes enthousiasmes et à mes doutes.

Je tiens surtout à dire à Madame Marie-Thérèse Jones-Davies toute ma gratitude pour l'intérêt qu'elle a bien voulu accorder à ce travail, pour ses encouragements et les conseils précieux qui lui ont permis d'aboutir.

Introduction

Dès les premières répliques, *Femmes, méfiez-vous des femmes* nous fait entrer de plain-pied dans le monde de la comédie de la Cité : quel que soit le soin pris par Middleton pour situer l'action dans la Florence de François de Médicis, c'est bien le Londres des *city comedies* qui s'anime devant nos yeux. Dans l'intimité d'un intérieur bourgeois modeste, Léantio présente à sa mère une jeune aristocrate qu'il a enlevée et épousée. A l'affection inquiète de la mère, s'oppose la complaisante satisfaction du jeune homme qui exulte dans la jouissance de sa nouvelle acquisition. Le cadre social est sobrement mais précisément indiqué : Léantio est un agent commercial au service d'un riche patron, qui subvient tout juste à ses modestes besoins de célibataire grâce au salaire qu'il touche en fin de semaine. Bianca, par contre, appartient à une famille de patriciens, riches et influents ; son éducation l'a habituée à un train d'opulence auquel elle a renoncé par amour.

Le premier élément de conflit dramatique naît de la tension entre le désir des amants et les contraintes que sa vie professionnelle impose au courtier. On sent aussi se profiler à l'horizon les conflits créés par cette situation où une toute jeune femme se retrouve exilée, semi-emprisonnée et considérée comme une simple possession. L'autre intrigue esquissée dans la deuxième scène semble également être une intrigue classique de comédie. Un père et un tuteur cupides, tous deux appartenant à la bourgeoisie citadine aisée, préparent un mariage de pur intérêt financier entre une jeune fille victime et un héritier débile et agressivement lubrique, sorte de bouffon obscène qui sert de repoussoir à la sympathie que nous éprouvons naturellement pour Isabella. Le dialogue entre le père de la jeune fille et sa sœur, qui défend chaleureusement le droit des femmes à choisir leur mari, est plus proche de certaines scènes de Molière que de n'importe quelle scène tirée d'une tragédie contemporaine. Le cadre de référence de la pièce est celui de la famille qui définit toutes les relations fondamentales : les personnages sont présentés en tant que mère et fils, oncle et nièce, tuteur et pupille, mari et femme, parents et étrangers. Le dialogue joue inlassablement avec les diverses acceptions de mots tels que « near » et « strange », sondant et explorant pour nous le jeu ambigu du proche et du lointain, jusque dans l'image de l'inceste qui prend ainsi une valeur quasi emblématique.

Comme le laisse entendre le titre, les femmes dominent la pièce : veuves ou mère ; fille mariée par son père et achetée comme cheval en foire ou fille enlevée par amour ; épouse forcée par le prince ou épouse à qui le mariage ne sert qu'à dissimuler aux yeux du monde une passion inavouable : *Femmes, méfiez-vous des femmes* est structuré par l'attitude des personnages face au mariage, préoccupation traditionnelle de la comédie. Mais nous sommes dans le monde d'une comédie amère, où les valeurs économiques et financières se confondent dangereusement et insidieusement avec les valeurs affectives et morales. Christopher Ricks a bien montré la fonction structurelle de termes à la polysémie aussi riche que « business », « service », « employed » qui renvoient à la fois aux affaires commerciales et à l'activité amoureuse [1]. La morale, pour les personnages, n'est qu'affaire d'usage : Guardiano propose son pupille en mariage au nom des « moral virtues » (I, 2), confondant ainsi dans le même terme « moral » l'exigence éthique et l'approbation de la coutume. L'honneur si souvent invoqué par Bianca, Léantio ou Hippolito, est affaire de réputation plus encore que d'intégrité. Et Livia, dans une réplique superbement désinvolte, se déclare prête à agir « au péril de la grâce et de la vertu » (II, 1) pour assurer la satisfaction des désirs de son frère.

La précision et la fermeté de l'articulation entre les milieux sociaux, les générations et les sexes sont remarquables : nous

1. C. Ricks : « *Word-Play in Women Beware Women* », *Review of English Studies*, N.S. 12, (1961).

sommes dans un monde où tout est mesuré, chiffré (chaque chose et chaque être a son prix, l'âge même des protagonistes est précisé de manière inhabituelle) non seulement dans l'architecture des intrigues présentées mais aussi dans la pâte même du dialogue, dans une langue qui puise ses images à la réalité de la vie quotidienne. Le regard incisif du dramaturge observe les mœurs des personnages effectivement présents sur la scène (courtier, veuve, courtisan, etc.) mais aussi de cette foule de personnages que les protagonistes évoquent dans leurs discours (le marchand malhonnête dans le faux jour de sa boutique, la fille de ferme qui se coiffe en se mirant dans une cuvette, etc.).

Au cinquième acte nous sommes à la Cour, dans l'atmosphère raréfiée de la salle d'apparat du palais ducal, le lieu le plus éminent et le plus symbolique dans l'univers de la pièce, et nous assistons à une fête princière. Les boutiquiers dans leurs échoppes de la Cité, les piétons qui trouvent refuge chez un confiseur quand passe une voiture, les galants qui regardent les filles à l'église, les femmes qui se lèchent les doigts en préparant les sauces dans leur cuisine, les vieux grigous qui comptent les écus dans leur cassette ; tous ont laissé la place à des nymphes et des bergers, à Ganymède et Hébé, à des flammes d'or qui tombent du ciel et aux flèches décochées par les Cupidons. Lieu différent, milieu social différent, genre dramatique différent : deux extraits de la première et de la dernière scène, à qui ne connaîtrait pas les scènes intermédiaires, pourraient sembler appartenir à deux œuvres distinctes. Mais c'est là l'aboutissement d'une construction délibérée et parfaitement maîtrisée qui établit une savante gradation sur chacun de ces plans : l'action qui s'ouvre dans l'humble logis de la Veuve et dans la maison de Fabritio à l'acte I, se déplace dans la maison de Livia. Celle-ci est une bourgeoise qui s'enorgueillit de posséder des œuvres d'art et de recevoir avec munificence, aussi bien ses voisines pauvres que le Duc en personne. Puis la scène se transporte dans les appartements privés de Bianca et du Duc à la Cour, pour finalement se trouver au lieu même de la gloire et de l'exercice du pouvoir. L'ascension sociale de Bianca nous fait passer du monde des artisans et des marchands au monde de la haute bourgeoisie qui a ses entrées à la Cour, puis à la Cour elle-même. La transition est ainsi savamment ménagée entre la comédie réaliste et la comédie plus élaborée des actes centraux où les personnages jouent sur la tension entre les niveaux de sens que le spectateur peut donner à leurs paroles. La partie d'échecs de l'acte II pose en termes dramatiques deux niveaux distincts pour appréhender la pièce, en donnant à voir aux spectateurs deux actions simultanées : les deux voisines jouent une partie d'échecs cependant qu'une scène de séduction qui tient fortement du viol se joue sur une autre aire de jeu. Livia attire l'attention des spectateurs sur la nature symbolique du lien qui unit les deux scènes. Ainsi s'ébauche une stylisation qui trouve son aboutissement dans le *masque* [2] final, où le littéral s'efface devant le symbolique : l'argent des dots et des salaires est remplacé par la pluie d'or empoisonnée. La plasticité de la structure dramatique exprime en elle-même, à la fois la mobilité sociale qui est le thème central de la pièce, et les conséquences morales d'une corruption qui fait surgir le tragique et le grotesque du quotidien.

La participation du spectateur se transforme considérablement au cours de la représentation et le lecteur est parfois dérouté par ce glissement progressif. Middleton pourtant nous prépare, depuis le tout début de la pièce, à ce détachement critique et ironique qui est exigé de nous par le dénouement. Dès que Léantio entre au début de la première scène, il parle en aparté ; Bianca assiste isolée et silencieuse au dialogue qui la met en cause entre la mère et son fils ; aucun des personnages n'est nommé : ils sont simplement situés dans un tissu de relations familiales et sociales. Les trois personnages sont ainsi placés devant nous, comme dissociés les uns des autres, chacun dans un monde qui appelle un regard différent. La scène 2 renforce cette impression : Hippolito et Isabella, bien que face à face dans une situation d'intimité, expriment tour à tour leurs sentiments dans de longs soliloques avant que le dialogue entre eux ne commence, et ce dialogue est constamment coupé par des apartés symétriques. La scène 3 pousse plus avant cet isolement des personnages en introduisant cette compartimentation de l'aire de jeu sur deux niveaux

2. Sur le *masque*, genre apparenté au ballet de cour, voir p. XXV « fêtes civiques et masques ».

qui va marquer les scènes les plus fortes de la pièce (II, 2 ; V, 2), avec la présence de Bianca et de la mère, « en haut », commentant le spectacle dont le public de *Femmes, méfiez-vous des femmes* est aussi témoin. Cette nouvelle compartimentation s'accompagne d'une certaine stylisation et de virtualités symboliques, dans la mesure où est ainsi introduit un des motifs spatiaux et verbaux les plus intéressants, comme l'a noté Holdsworth [3] : c'est de la fenêtre que Bianca se résout à dire adieu à son jeune époux dont la place sur la partie basse de la scène est bientôt occupée par le Duc. Bianca, la dame à sa fenêtre, renvoie ici à l'imagerie de l'amour courtois. Bianca, après avoir cédé au Duc, renverse le sens de cette image pour évoquer celle de la courtisane de mauvaise vie :

> C'est un plaisant divertissement pour une gente dame
> De voir passer les galants depuis une large baie vitrée.
> (III, 1.)

Ces vers ouvrent le dialogue acerbe où Bianca retourne très ironiquement à Léantio ses propres arguments destinés à couper court aux effusions sentimentales pendant la scène des adieux. Léantio tentera alors de rappeler l'image romantique initiale, celle de l'enlèvement, dans une vaine tentative pour exorciser la nouvelle image de Bianca à la fenêtre des luxueux appartements dont les fastes sont le signe des faveurs du Duc. Le procédé est caractéristique : il introduit sur la scène le regard de personnages-spectateurs et inscrit la représentation et le détachement critique dans la dramaturgie même. La pièce tout entière centrée sur cette notion de spectacle nous invite constamment à réfléchir sur le renversement ironique des points de vue. C'est ainsi, par exemple que ce moment dramatique très fort où Bianca regarde le spectacle du cortège et où le Duc aperçoit Bianca pour la première fois, fait l'objet de trois discours très différents : le commentaire de la mère (I, 3) inversé par le récit de Guardiano (II, 2), et repris dans une nouvelle interprétation colorée cette fois par l'indignation douloureuse de Léantio à l'acte III (III, 1). La dramaturgie de

3. « *Women Beware Women* and *The Changeling* on the Stage », in *Three Jacobean Revenge Tragedies, a Casebook*, edited by R. V. Holdsworth, Londres, 1990, p. 250.

Middleton nous invite moins à nous identifier aux personnages qu'à porter sur les situations un regard et un jugement d'ordre moral.

Ce procédé de distanciation ironique trouve son aboutissement dans le *masque* final où chacun des personnages est à la fois acteur dans une pièce qu'il croit avoir écrite et dont il croit contrôler la mise en scène, et spectateur étonné d'un drame qui lui échappe. Le spectacle est réfracté en une série de vignettes dans une aire de jeu démultipliée. Dans ces petites scènes juxtaposées, chacun des acteurs échoue misérablement dans ses obscurs stratagèmes, et l'accumulation des morts semble épuiser le répertoire des motifs du drame baroque. Mais le spectateur de *Femmes, méfiez-vous des femmes* ne reste pas prisonnier de ces visions parcellaires. Le centrage de tous ces éléments sur le thème essentiel de la pièce dévoile une logique implacable. Le contraste entre la splendeur des tableaux mythologiques et l'horreur des morts grotesques révèle sous la célébration de l'hymen une farce féroce que jouent des protagonistes dont le visage et le cœur ont été mis à nu.

Il est intéressant de noter que si le personnage de la Mère a disparu dans les deux derniers actes, un nouveau personnage prend le devant de la scène, celui du Lord Cardinal que caractérise le regard moral sans compromission et sans indulgence qu'il porte sur la Cour. C'est lui, plus que tout autre, qui donne voix à cette exigence de lucidité morale que la pièce oppose à l'aveuglement de la plupart des protagonistes. Ses discours sont traversés par la lueur tragique des flambeaux, reprise et inversée dans celle de l'incendie qui, depuis la montagne, se répand sur tout un royaume plongé dans les ténèbres. Si, détachées de la situation dramatique, ses philippiques pourraient passer pour convenues, elles prennent toute leur force dans le réseau d'images cruelles qui envahit les deux derniers actes de la pièce : Bianca exprime toute l'absurdité obstinée de ce monde amoral dans l'image de celui qui « vole sa chandelle à un aveugle » (IV, 3), cependant que Léantio, improbable porte-parole de la vengeance divine qui frappe les pécheurs déclare :

> Je suis aussi fou
> De te montrer la lumière que si je menais les aveugles

Voir les Monuments, qu'il leur serait plus facile de humer
Que de contempler. A vrai dire, dans leurs ténèbres,
C'est souvent leur crâne qui en éprouve la dureté.

(IV, 1)

L'image hallucinante des aveugles qui s'assomment contre les Monuments réactive le souvenir de Bianca confrontée par trahison au Duc, le « Monument » phallique qui provoque sa chute. Bianca certes est aveugle, comme l'est Livia, aveuglée par ses appétits (IV, 1), comme le sont tous les autres protagonistes aux yeux obscurcis par la cupidité, l'ambition ou le désir charnel. Le jeu de la cécité et de l'aveuglement volontaire qui revêt souvent le masque de l'oubli (*forgetfulness*) est complexe [4]. Cette « négligence obstinée » des personnages, c'est-à-dire leur absence de vigilance et de rigueur morale, est d'autant plus palpable que le dialogue fait constamment référence aux grands principes qui implicitement devraient les guider : « Par ma foi », « par le Ciel », « le Ciel ne l'a pas voulu », sont des expressions qui jalonnent les discours et mettent en lumière les écarts coupables des personnages. Il s'agit d'avoir un regard suffisamment vigilant et aiguisé pour rester constamment conscient de la partie qui se joue et des règles qui la gouvernent. Sans doute la métaphore du jeu d'échecs et celle du livret-canevas préétabli auquel les acteurs du *masque* final doivent se conformer impliquent-elles une vision presque calviniste de la prédestination : les êtres ne sont que des pions sur le grand échiquier de Dieu. Mais, curieusement, ces pions semblent disposer d'une certaine liberté d'action et être investis d'une part de responsabilité. Les images de jeux (régis par des règles) et de danses (qui suivent des figures imposées) sont partout présentes dans la pièce. Loin d'innocenter les joueurs, ces images contribuent à mettre en lumière l'impérieuse exigence de lucidité et de vigilance qui gouverne le monde moral de *Femmes, méfiez-vous des femmes*.

Cette exigence est rude et s'oppose directement à l'obsédant désir de paix. Léantio et Bianca sont des êtres fragiles, constamment assaillis par les orages et les tempêtes :

4. Edward Engelberg : « Tragic Blindness in *The Changeling* and *Women Beware Women* » in *Modern Language Quarterly*, t. XXIII, (1962).

Que les orages épuisent leur courroux !
Nos amours innocentes ont trouvé un abri,
Cela nous suffit. (I, 1.)

Et l'argument décisif du Duc qui tente de séduire Bianca est celui-ci :

Que se lève l'orage, tu seras à l'abri.
Mets ta confiance en notre amour qui saura tout prévoir
Pour ménager la paix de ton cœur. (II, 2)

Le souci d'assurer la paix est constamment réitéré, et si compréhensible, si émouvant même qu'il paraisse dans ce contexte de commotion, l'issue tragique de la pièce prouve qu'il s'agit d'un leurre redoutable. La scène finale s'ouvre sous le signe de la paix que déclare le Cardinal. La coupe d'Hymen promet de lui apporter la paix de l'âme et Isabella, brûlant l'encens empoisonné qui doit tuer Livia, prie qu'il monte vers elle « dans la paix ». Ce désir de paix, de plus en plus dégradé jusqu'à devenir le simple masque de menées criminelles, se situe clairement sur le plan moral, mais on peut penser que le public contemporain y voyait une allusion à peine voilée à la diplomatie délibérément pacifiste (et très impopulaire) de Jacques Ier et à sa devise : *Beati Pacifici*[5]. La première vision du Duc que nous propose la pièce est celle de l'homme public intègre et respecté, et la coïncidence de son âge avec l'âge de Jacques Ier à la date probable de la première représentation ne peut que suggérer de voir là un hommage prudent de Middleton au souverain. Les actes suivants peuvent alors apparaître comme une mise en garde contre les compromissions et les abandons en politique extérieure dont la corruption morale des personnages de *Femmes, méfiez-vous des femmes* serait une représentation métaphorique. Placer la recherche de la paix, avant le souci de remplir ses obligations et d'honorer les allégeances et les contrats les plus sacrés, est un manquement grave à l'exigence de lucidité et de rigueur morale et politique dont les conséquences ne peuvent qu'être terribles. La

5. A. A. Bromham : « *The Tragedy of Peace : Political Meaning in Women Beware Women* », in *Studies in English Literature* 1500-1900, t. XXVI (1986), pp. 309-329.

pièce nous propose la vision morale d'un monde qui se détruit sauvagement dans l'écroulement à la fois grotesque et tragique que provoquent les compromissions et les complaisances, mais la leçon se confond avec un message politique d'intégrité et de rigueur dont les résonances se font toujours entendre.

Date et sources :

La date de *Femmes, méfiez-vous des femmes* reste conjecturale. La première mention de la pièce n'apparaît pas avant 1653 lorsque Humphrey Moseley inscrit la pièce pour publication au registre des libraires. Plusieurs dates ont été proposées. Les spécialistes s'accordent dans l'ensemble sur la probabilité d'une date voisine de 1621, date proche de celle de la composition de *The Changeling*.

L'intrigue principale s'inspire de l'histoire de Florence sous Francesco de Medicis (1541-1587) et de la version romancée qu'avait donnée Celio Malespini dans les *Ducento Novelle* (Venise, 1609, nouvelles 84 et 85) des amours de Bianca Cappello, fille d'un patricien de Venise qui en 1563 avait fui à Florence en compagnie d'un jeune Florentin, Pietro Buonaventura qu'elle épouse contre la volonté de sa famille. Quelques mois plus tard, elle devient la maîtresse du jeune duc qui succède à son père Côme en 1564. Pietro est assassiné en 1572 et Bianca épouse secrètement le duc six ans plus tard [6]. Le duc et Bianca meurent à peu de temps d'intervalle en 1587 dans le palais ducal de Poggio a Caiano dans des circonstances qui peuvent accuser le cardinal Ferdinand de Médicis, frère cadet du duc, ennemi juré de Bianca, et successeur de Francesco sur le trône ducal.

L'intrigue concernant Hippolito et Isabella s'inspire, elle, d'une nouvelle française anonyme : *Histoire véritable des infortunées et tragiques amours d'Hypolite & d'Isabella, Néapolitains*, publiée à Rouen en 1597, dont la traduction devait paraître en Angleterre en 1628 mais que Middleton a peut-être

6. Outre le portrait de Bianca Capello, grande duchesse de Toscane par Bronzino reproduit ici, il existe un portrait par Titien (Galleria dell'Academia di San Luca à Rome) et un autre par Almari (Galerie des Offices à Florence).

lue en manuscrit.

Middleton combine habilement les deux sources en créant en particulier le personnage de Livia qui prend une place centrale dans l'architecture de sa tragédie. Les scènes les plus remarquables de la pièce, la partie d'échecs, la scène où le pupille évalue Isabella comme une jument qu'il s'apprêterait à acheter à la foire, ou surtout le *masque* final sont l'invention de Middleton.

Le texte :

Women Beware Women a été publié pour la première fois en 1657, quelque trente-cinq ans après sa création et trente ans après la mort de son auteur, dans un octavo intitulé *TWO NEW PLAYES,/ viz./ More Dissemblers/ Besides Women./ Women beware /Women./ written/ by Tho. Middleton, Gent./ London, Printed for Humphrey Moseley and are to be sold/ at his shop at the Prince's Arms in St. Pauls /Churchyard. 1657.* Le texte dérive probablement d'une copie d'un manuscrit de l'auteur utilisée au théâtre sans qu'il s'agisse pourtant d'un texte de régie.

C'est sur ce texte unique que sont fondées les éditions de la pièce publiées dans les œuvres complètes de Middleton par A. Dyce (Londres, 5 vol., 1840) et par A. H. Bullen (Londres, 8 vol., 1885-1886). Roma Gill est l'auteur de l'édition critique publiée par *New Mermaids* (Londres, 1968). J. R. Mulryne a établi l'édition critique des *Revels Plays* qui, depuis sa parution en 1975, fait autorité. D. L. Frost fait figurer la pièce dans *The Selected Plays of Thomas Middleton* (Cambridge, 1978). J'ai consulté ces éditions et les notes témoignent de l'aide considérable qu'elles ont apportée à mon travail.

La présente édition suit la copie de *Two New Playes* conservée à la British Library (643 b 37) dont le texte est fidèlement reproduit dans une édition établie par Charles Barber (*Fountainwell Drama Texts*, Edinburgh, 1969). L'orthographe et la ponctuation ont été modernisées avec le souci constant de n'introduire que le minimum de modifications exigées par nos habitudes de lecteurs modernes.

Notes sur Middleton et son théâtre :

L'auteur de Femmes, méfiez-vous des femmes était de seize ans le cadet de Shakespeare et la pièce a probablement été écrite quelque cinq ans après la mort de son illustre prédécesseur. Thomas Middleton est né dans une famille de la petite bourgeoisie des commerçants et artisans de la cité de Londres. Toute sa vie, si l'on excepte son passage à l'université d'Oxford, s'écoule entre la paroisse de Saint-Lawrence-Jewry, au cœur de la Cité, où il est baptisé le 18 avril 1580 et le faubourg encore campagnard de Newington Butts à un quart d'heure de marche des théâtres sur la rive sud de la Tamise, où il choisit de vivre et où il est enterré le 4 juillet 1627.

Son père, William, est un maître maçon prospère et prudent qui revendique le titre de gentilhomme, investit ses économies dans l'achat de propriétés dans la Cité, et, à sa mort, laisse à sa femme et à ses deux enfants un patrimoine évalué à 335 livres, non sans avoir pris la sage précaution d'en confier la gestion à des exécuteurs testamentaires. Le jeune Thomas n'a pas encore six ans et sa sœur Avis en a quatre. Dix mois plus tard, en novembre 1586, sa mère, Susan, épouse en secondes noces Thomas Harvey, beaucoup plus jeune qu'elle. Aventurier sans le sou, il ne fait guère de doute qu'en épousant la veuve, Harvey cherche à s'emparer du patrimoine, et la frustration qu'il éprouve en découvrant qu'il lui est impossible d'en disposer se traduit dès 1587 par un procès en justice. La chicane et les querelles se poursuivront sur une quinzaine d'années. Ces conflits familiaux seront encore aggravés après le mariage d'Avis par les disputes constantes entre la belle-mère et le gendre, et les rivalités entre lui et Harvey.

Dans notre pièce, Bianca semble éveiller un écho de ces vieilles rancœurs dans le ménage Harvey :

> Si une fois marié, il partait faire un voyage
> Dangereux ou très long, et ne reparaissait
> Que tous les neuf ans, son épouse pourrait
> S'accommoder de semblable doublure. (III, 2.)

Dans *Femmes, méfiez-vous des femmes*, on est frappé par la présence de ces couples qui se forment sur les ruines d'un couple originel, où la différence des âges est mise en lumière avec tant d'insistance (Livia/Léantio ; Bianca/le Duc ; Hippolito/Isabella), et où la violence du désir illicite se trouve associée à l'exploitation et à la vénalité [7].

Nous ne savons pas quelle éducation a reçue Thomas Middleton avant 1598, date à laquelle il s'inscrit à Queen's College, Oxford, qu'il quittera deux ans plus tard, apparemment sans y avoir obtenu sa licence. Il y a tout lieu de penser qu'il se trouve dans des conditions financières difficiles : il revient à Londres pendant l'été pour vendre à Waterer sa demi-part des biens légués par son père, afin, précise l'acte de vente, de « subvenir à ses besoins à l'université ». Ses biographes ont cru voir une part de souvenirs personnels dans le récit de l'« étudiant nécessiteux » dont Middleton raconte les tribulations dans *Father Hubburd's Tale* : celui-ci arrive à l'université avec tout son équipage dans une mallette, contenant tout juste quatre in-quarto indispensables ; il se met au service d'un étudiant londonien plus fortuné qui passe ses journées au tennis, et dont il utilise la bibliothèque, lisant Aristote assidûment de l'aube à minuit, sans pourtant pouvoir avancer au-delà de l'orée du savoir et succombant enfin aux tentations du « miel empoisonné de la poésie [8] ».

Toujours est-il que, dès février 1601, il est de retour à Londres où un témoin rapporte qu'il vit dans l'entourage des gens de théâtre : « He remayneth here in London daylie accompaninge the players. » Dès 1602, il travaille pour Philip Henslowe, l'entrepreneur de spectacles, propriétaire des théâtres de la Rose, de la Fortune et de l'Espérance, dont le journal mentionne les sommes avancées ou réglées à Thomas Middleton pour sa collaboration avec Dekker, Chettle, Drayton, Munday pour l'écriture ou la révision de pièces aujourd'hui perdues. Henslowe a en effet mis en place un véritable atelier de composition où tout un groupe d'auteurs travaillent ensemble, en équipes constamment recomposées. Quelle que

7. Voir Stephen Wigler : *Parent and Child : The Pattern of Love in W.B.W.* in Fredenreich, K., ed. : *Accompaninge the Players. Essays celebrating Thomas Middleton*, New York, 1983.

8. *Father Hubburd's Tale*, in Bullen, vol. VIII, pp. 101 sqq.

soit la médiocrité de la production, cet atelier était sans nul doute une excellente école de technique de l'écriture et de maîtrise des contingences de la scène. Middleton y acquiert aussi l'agilité, la souplesse et la modestie qu'exige ce travail en commun. Tout au long de sa carrière il acceptera de collaborer avec des auteurs aussi différents que Dekker, Shakespeare (pour *Timon d'Athènes*), Webster ou Rowley.

C'est probablement dans la compagnie des acteurs que Middleton rencontre Maria Morbeck, sœur d'un musicien et comédien de la troupe de l'Amiral, fille de juriste et petite-fille du musicien, compositeur et organiste de Windsor. Ce John Morbeck est un ardent théologien calviniste aux inclinations puritaines : on trouve dans ses œuvres à la fois une théologie protestante austère, une opposition farouche aux cérémonies et à la hiérarchie ecclésiastiques, et une dénonciation des sectes populaires ultra-puritaines comme les « familistes ». Thomas Middleton épouse Maria à une date inconnue et un fils est baptisé en 1604. La période est difficile : les théâtres ferment dès l'annonce de la maladie de la reine en mars 1603 et ne rouvrent qu'en avril 1604 lorsque recule l'épidémie de peste qui les obligera à fermer à nouveau en 1605, 1606, 1607 ; la peste emporte son beau-frère et son neveu.

Mais Middleton est maintenant un auteur reconnu, fournisseur attitré de plusieurs troupes de renom. La première pièce de lui qui nous est parvenue, *The Family of Love*, écrite en collaboration avec Dekker et jouée par la troupe de l'Amiral en1602-1603, est une satire des « familistes », objets de l'indignation de John Morbeck dont l'influence se fait peut-être déjà sentir. A partir de 1603, commence une association étroite avec la troupe des enfants de la manécanterie de la cathédrale Saint-Paul qui se poursuit jusqu'à ce qu'ils cessent leur activité en 1608. Il écrit pour eux une série de comédies : *The Phoenix, A Mad World my Masters, A Trick to Catch the Old One, Michaelmas Term.* Ces troupes d'enfants connaissent dans la première décennie du siècle une grande popularité. Un public plus aisé et plus raffiné se presse dans les théâtres de Saint-Paul, de Blackfriars et de Whitefriars, plus petits, plus confortables. On a pu penser que les conditions nouvelles de représentation (les théâtres sont des salles couvertes et les pièces se jouent aux chandelles) et les qualités propres au jeu de ces enfants musiciens ont donné naissance à une « tradition rivale [9] », suscité l'apparition d'un répertoire distinct gouverné par une esthétique différente.

Nombre de pièces représentées par les troupes d'enfants appartiennent à un genre nouveau. La plupart sont des comédies dont l'action se passe dans le Londres contemporain et qui impliquent des personnages appartenant à des groupes sociaux distincts et clairement identifiés, souvent instables, qui s'affrontent et s'interpénètrent. Ces « comédies de la Cité [10] » s'attachent par la prolifération des détails réalistes à tendre un miroir au Londres de Jacques Ier. Sans doute ne faut-il pas chercher dans ces pièces une dramatisation cohérente des conflits sociaux majeurs de l'époque, comme par exemple les problèmes liés au transfert de la propriété terrienne de l'aristocratie rurale à la bourgeoisie urbaine [11]. Mais, portant un regard satirique aiguisé sur la société contemporaine, elles expriment la vigueur des appétits et le matérialisme opportuniste qui la caractérisent « mais l'on ne parvient jamais à saisir le rapport exact entre une réalité sociale et sa transposition dramatique : de celle-ci on pourrait dire qu'elle est une réfraction plutôt qu'un reflet [12] ». C'est que les enfants jouant des rôles d'adultes ne pouvaient en effet qu'attirer l'attention de spectateurs attentifs sur les artifices et les conventions mêmes du jeu théâtral, ne serait-ce que par l'incongruité de la taille et de la voix des interprètes. Il se produisait nécessairement un effet de distanciation, invitant une réaction moins naïve, plus intellectuelle du public. On remarque d'ailleurs que ce répertoire, plus que tout autre, fait systématiquement appel à des procédés de sur-théâtralisation, en particulier au théâtre dans le théâtre [13]. Middleton se souviendra à la fois de cette

9. Alfred Harbage : *Shakespeare and the Rival Tradition*, 1952. Harbage classe sans doute abusivement les comédies de Middleton dans le théâtre des coteries aristocratiques.

10. L'expression est empruntée à Brian Gibbons, *Jacobean City Comedies*, Londres,1968. Alexander Leggatt préfère la formule moins restrictive de comédie bourgeoise (*Citizen Comedy in the Age of Jonson*, Toronto, 1973).

11. Voir André Bry : *Middleton et le Public des « City Comedies »* in J. Jacquot, ed. : *Dramaturgie et Société*, Paris, CNRS, 1968, vol. II, pp. 705-727.

12. J. Jacquot : *Dramaturgie et Société*, vol. II p. 766.

13. Cf. F. Laroque, ed. : *The Show Within*. vol. II, Annexe pp. 461-468.

écriture réaliste et de ces jeux de rupture et de détachement quand il composera *Femmes, méfiez-vous des femmes* quelque quinze ans plus tard.

En 1609, Middleton s'installe à Newington Butts peu après qu'ait commencé une autre association, d'importance capitale dans sa carrière, avec les Comédiens du Roi, la troupe des *King's Men* à laquelle est plus étroitement associé Shakespeare et qui est placée sous l'autorité morale du Lord Chamberlain. Elle joue au théâtre du Globe tout proche et en 1608 reprend le théâtre de Blackfriars, jusque-là donné en bail aux enfants de la Chapelle royale. C'est la troupe la plus prestigieuse de Londres qui jouera successivement *The Yorkshire Tragedy, The Witch, The Second Maiden Tragedy, More Dissemblers Beside Women, A Game at Chess*, sa dernière pièce, et c'est peut-être pour eux qu'il a écrit *Femmes, méfiez-vous des femmes* [14]. Il continue aussi à écrire pour d'autres compagnies, soit seul *(A Chaste Maid in Cheapside, Hengist, King of Kent, A Fair Quarrel)* soit en collaboration avec Rowley (*The Old Law, The Changeling*). Cette dernière pièce souvent considérée comme le chef-d'œuvre de Middleton, est très proche de *Femmes, méfiez-vous des femmes* à la fois par la date probable de sa composition, par la vigueur de la caractérisation des personnages féminins en particulier, et par sa force tragique et poétique.

Fêtes civiques et masques :

A partir de 1613, Middleton participe régulièrement à l'organisation des fêtes civiques organisées dans la Cité par la municipalité et par les guildes où il semble bénéficier de la protection de puritains modérés. Ces célébrations, entrées royales, cortège du Lord maire, inauguration de fontaines, etc, comportent de nombreux éléments hautement spectaculaires, en particulier les « pageants », sortes de chars portant des décors très élaborés sur lesquels apparaissent des figures

14. La date et les circonstances de la première représentation ne sont pas certaines. Cependant le nombre de participants nécessaires et les moyens techniques que met en jeu le *masque* final laissent croire que Middleton a dû penser à la scène et à la troupe du Globe en composant sa tragédie.

allégoriques qui prononcent les divers discours le long du trajet suivi par le cortège officiel dans les rues ou sur le cours de la Tamise. Middleton est chargé de l'invention, de l'écriture des textes, et de la réalisation du spectacle. Le registre de la guilde des épiciers pour 1617 précise par exemple qu'une somme de 282 livres a été payée à Thomas Middleton, gentleman, pour l'organisation, la supervision et la rédaction du *Triomphe de l'Honneur et de l'Industrie,* « pour la confection du Char des nations, de l'Ile, du Char indien, du château de la Renommée, du Vaisseau et des divers animaux qui le tirent ; pour l'ensemble des travaux de charpente, peinture, dorure et décoration de ces chars, et tous autres frais nécessaires pour engager et costumer les personnages sur chacun de ces chars, le transport par voie de terre et d'eau, la peinture d'une bannière portant les armes du Lord maire, ainsi que pour les hommes verts, les diables et les feux artificiels, et tout ce qui s'y rapporte [15] ». Le Pupille de *Femmes, méfiez-vous des femmes,* bien que censé être florentin, est avant tout un de ces badauds londoniens qui apprécient si hautement ces réjouissances populaires : le diable borgne avec sa « kyrielle de pétards attachés à la queue » qui apparaît par une trappe (V, 1) ou le personnage de Calomnie, avec « sa tête de diable et une grande langue injurieuse qui lui pend des babines, juste comme il faut pour les fêtes des faubourgs », sont directement empruntés à ces spectacles.

Par ailleurs, les *masques*, célébrations symboliques et rituelles du pouvoir et de l'harmonie sociale, sont représentés dans les grands halls des guildes, à l'occasion des banquets officiels et des grands mariages, ou aux fêtes des Écoles de droit, et font participer les organisateurs et destinataires de la fête à côté des comédiens et danseurs professionnels à la célébration théâtrale, musicale et chorégraphique des vertus et des grâces qui conviennent à l'occasion. Middleton est donc rompu à toutes les techniques et pratiques de ces arts éphémères et symboliques, hautement stylisés, qu'ils soient populaires et naïfs, ou nettement plus élaborés et sophistiqués (il ne semble toutefois pas avoir composé de *masques* pour la Cour). L'acte V de *Femmmes, méfiez-vous des femmes* incorpore un *masque* qui

15. Cité par Barker.

correspond assez bien à la réalité des fêtes londoniennes au début du XVIIe siècle : personnages mythologiques, allégories, costumes, présence de comédiens professionnels et de figurants, participation des personnages de la Cour dans des rôles conformes au « décorum », existence d'un livret et ajouts d'*antimasques* ou d'interludes, tous ces éléments se retrouvent dans la plupart des *masques* contemporains. La seule différence — mais elle est essentielle — c'est que, dans *Femmes, méfiez-vous des femmes*, le *masque* est représenté par des acteurs incompétents qui en ruinent la représentation et transforment le rituel dramatique et chorégraphique en farce tragique.

Middleton et les puritains :

En 1620, Middleton accède à la charge de chroniqueur officiel de la Cité (*chronologer*) qui, outre les fonctions d'inventeur des Honorables Célébrations de la Cité (*Inventor of the City's Honourable Entertainments*) lui confère la tâche de tenir le journal des événements publics marquants et lui apporte des émoluments réguliers de vingt livres annuelles et des gratifications pour d'autres travaux complémentaires.

Il termine ainsi sa carrière en citoyen aisé, honoré par les édiles de la Cité, apprécié par le public des diverses compagnies qui le jouent, mais nous n'avons gardé aucune trace écrite de l'estime que lui accordaient ses contemporains et de l'accueil qu'ils réservèrent à ses pièces, à l'exception d'*Une Partie d'échecs*. La critique traditionnelle a vu là le signe qu'il était généralement considéré comme un artisan besogneux plus que comme un artiste, et on cite volontier Ben Jonson qui le qualifie de « base fellow ». Ce n'est pas si sûr : Middleton semble bien avoir joui d'un très large succès auprès d'un public populaire, de sensibilité propuritaine et souvent assez critique à l'égard des coteries de la Cour. Il n'est plus guère possible en effet d'accepter l'image caricaturale d'un parti puritain unanime, obstinément et systématiquement hostile au théâtre et à tous les arts, image en grande partie héritée de la littérature de la Restauration (Dryden) et de l'époque romantique (Macaulay). Margot Heinemann a bien démontré l'existence d'un milieu puritain modéré, influent à la Cité, au Parlement et même à la Cour (le comte de Pembroke, Lord Chamberlain, par exemple) qui comptait de nombreux amateurs, voire des protecteurs du théâtre [16].

Un témoignage contemporain nous affirme que Middleton était le dramaturge préféré des puritains [17], ce qui en soi suffirait à expliquer le jugement péremptoire de Jonson, dramaturge attitré des *masques* de la Cour, et anti-puritain convaincu. L'affaire d'*Une Partie d'échecs* peut nous aider à mieux situer les choses.

La première représentation de *A Game at Chess* a lieu au Théâtre du Globe le 6 août 1624 et, fait sans précédent, est suivie de neuf représentations consécutives qui attirent une foule considérable (plus de trois mille spectateurs chaque jour) avant que les autorités n'interdisent la pièce. Succès, scandale, et interdiction sont manifestement attribuables au sujet de la pièce qui apparaît aux yeux des contemporains comme une allégorie politique transparente de la rivalité entre l'Angleterre de Jacques Ier et l'Espagne de Philippe IV, et une attaque violente contre les projets de mariage du Prince de Galles, le futur Charles Ier, avec l'Infante d'Espagne dans le contexte des débuts de la guerre de Trente Ans. Dans le camp Blanc, on reconnaît Jacques, Charles, Buckingham ; dans le camp Noir, Philippe, Gondomar qui est alors ambassadeur d'Espagne à Londres et ami personnel de Jacques, le duc d'Olivares et le général des Jésuites. Le réalisme dans la caricature de Gondomar est extrême : le comédien qui joue le rôle du Cavalier noir porte un authentique costume de l'ambassadeur. La litière qui avait été conspuée par la foule quelques mois plus tôt apparaît sur la scène ainsi que la chaise percée de Gondomar qui souffrait d'une fistule. L'opinion populaire est violemment hostile à la politique pacifiste du roi dont la devise est *Beati pacifici.* Cette politique semble être un reniement de la vraie foi devant les intrigues papistes et un renoncement aux exigences de l'honneur national (l'Angleterre n'intervient pas pour

16. Margot Heinemann : *Puritanism and Theatre : Thomas Middleton and Opposition Drama Under the Early Stuarts,* Cambridge, 1980.

17. They quaked at Jonson as by him they pass/ Because of Tribulation Wholesome and Ananias,/ But Middleton they seemed much to adore/ For learned exercise 'gainst Gundomore. (William Hemminge : *Elegy on Randolph's Finger*, *circ.* 1630).

maintenir les prétentions de l'Électeur palatin et de son épouse Elizabeth, fille de Jacques Ier, au trône de Bohème). Elle apparaît aussi comme un manquement essentiel aux devoirs familiaux du souverain. Dans l'entourage même du roi, il semble bien qu'une partie de ses conseillers soutenait avec fermeté le parti anti-espagnol (le Lord Chamberlain avait autorisé la pièce). Toujours est-il que les protestations énergiques de l'ambassade d'Espagne sont écoutées, le théâtre fermé, les Comédiens du Roi sommés de comparaître, et l'auteur disparaît pour quelque temps de Londres, en attendant que se calment les esprits.

C'est ainsi que Middleton apparaît alors comme un des porte-parole d'un parti d'opposition anti-catholique et national et ceci concorde parfaitement avec ses amitiés connues, ses alliances aussi bien familiales (John Morbeck, grand-père de sa femme) que professionnelles (engagement pour la Cité plutôt que pour la Cour, témoignage de Nathanael Richards, etc), et aussi ses antécédents littéraires (*La Sagesse de Salomon* [18]).

Une Partie d'échecs est la dernière pièce écrite par Middleton qui meurt à Newington Butts le 4 juillet 1627.

18. Sur ce point, voir Margot Heinemann : *Op. Cit.*

Bibliographie

I. Œuvres complètes de Middleton en anglais.

A. H. Bullen, *The Works of Thomas Middleton,* (London 1885-1886, 8 vol.) repr. N.Y. 1965.

A. Dyce, *The Works of Thomas Middleton,* (London 1840, 5 vol.).

II. ***Women Beware Women*** **en anglais :**

Gill, R., *New Mermaids*, Londres 1968.

Barber, C., *Fountainwell Drama Texts*, Edinburgh, 1969, repr. *U. of California*, 1969.

Mulryne, J. R., *The Revels Plays*, Manchester 1975.

Frost, D. L., *The Selected Plays of Thomas Middleton*, C.U.P., Cambridge 1978.

III. **Bibliographies :**

Wolff, D., *Thomas Middleton, a Bibliography*, 1985 (BL 2725 c 868).

IV. **Critique**.

Baines, B. J., « *The Lust Motif in the Plays of Thomas Middleton* », in *Jacobean Drama Studies*, Salzburg, 1973.

Batchelor, J. B., « *The Pattern of Women Beware Women* », in *Yearbook of English Studies*, vol. II (1972), pp. 78-88, repr. Casebook.

Barker, R. H., *Thomas Middleton*, N.Y. 1958, pp. 131-145.

Bentley, G. E., *The Jacobean and Caroline Stage*, Oxford 1941-1968, vol. IV, pp. 855-911.

Bradbrook, M. C., *Themes and Conventions of Elizabethan Tragedy*, C. U. P. 1935, chap. IX.

Brittin, N. A., *Thomas Middleton*, N.Y. 1972.

BROMHAM, A. A., « *Political Meaning in Women Beware Women* », in *Studies in English Literature*, vol. XXVI (1986), pp. 309-329.

BROOKE, N., *Horrid Laughter in Jacobean Tragedy*, London, 1979. chpt VI, pp. 89-110.

BROWN, J. R. & HARRIS, B., ed. *Stratford-upon-Avon Studies*, vol. I, (1960) (*see* R. B. PARKER).

CHERRY, C. L., « *The Most Unvalued'st Purchase : Women in the Plays of Thomas Middleton* », in *Jacobean Drama Studies*, Salzburg, 1973.

DAWSON, A., « *Women Beware Women and the Economy of Rape* », in *Studies in English Literature*, vol. XXVII (1987), pp. 303-320.

DODSON, D., « *Middleton's Livia* », in *Philological Quarterly*, vol. XXVII (1948), pp. 378-380.

ELLIS-FERMOR, U., *The Jacobean Drama, an Interpretation*, London 1936, chap. VII.

ENGELBERG, E., « *Tragic Blindness in The Changeling and Women Beware Women* », in *Modern Languages Quarterly*, t. XXIII, (1962), pp. 20-28.

EWBANK, I. S., « *Realism and Morality in Women Beware Women* », in *Essays and Studies*, t. XXII (1969), pp. 57-70.

FARR, D. M., *Thomas Middleton and the Drama of Realism*, Edimburgh, 1973.

FOSTER, V. A., « *The Deed's Creature : The tragedy of Bianca in Women Beware Women* », in *JEGP*, t. 78, (1979), pp. 508-521.

FRIEDENREICH, K., ed. *Accompaninge the Players, Essays celebrating Thomas Middleton, 1580-1980*, AMS Press, N.Y., 1983.

FROST, D. L., *The School of Shakespeare*, Cambridge 1968.

HEINEMANN, M., *Puritanism and Theatre : Thomas Middleton and Opposition Drama Under the Early Stuarts*, Cambridge, 1980.

HIBBARD, G. R., *The Tragedies of Thomas Middleton*, 1957.

HOLDSWORTH, R. V., *Three Jacobean Revenge Tragedies, a Casebook*, Londres 1990.

HOLMES, D. M., *The Art of Thomas Middleton*, chap. XI, p. 161, Oxford 1970.

JACQUOT, J., ed., *Théâtre et Société, Dramaturgie et Société. Rapports entre l'œuvre théâtrale, son interprétation et son public aux XVI*[e] *et XVII*[e] *siècles.* Paris, CNRS, 1968.

JONES-DAVIES, M. T., *L'Or au temps de la Renaissance : du Mythe à l'Économie*. Centre de Recherches sur la Renaissance. Paris. Sorbonne. 1978.

JUMP, J. D., « *Middleton's Tragic Comedies* », in *Pelican Guide to English Literature*, vol. II, Harmondsworth, 1955.

KISTNER A. L. & M. K., « *Middleton's Tragic Themes* ». *American University Studies, IV*, vol. X, N.Y., Berne, Frankfort-on-the-Main, Nancy, 1984, pp. 85-100.

KURSCH, A., *Jacobean Dramatic Perspectives. Psychomachic Patterns and Theatrical Self-consciousness in Middleton's Plays*, 1972.

LAROQUE, F., ed., *The Show Within ; Dramatic and Other Insets. English Renaissance Drama (1550-1642)*, in *Proceedings of the International Conference held in Montpellier, 22-25 novembre 1990*. Montpellier 1991.

MULRYNE, J. R., « *Thomas Middleton* », in *Writers and their Works*, London, 1979.

NAUER, B., *Thomas Middleton : A Study of the Narrative Structures*, Zurich, 1977.

ORNSTEIN, R., « *The Moral Vision of Jacobean Tragedy* », *U. of Wisconsin Press*, Madison, 1960.

POTTER, J., « *'In Time of Sports' : Masques and Masking in Middleton's WBW* », in *Papers on Language and Literature*, t. XVIII (1982), pp. 368-383.

RIBNER, I., *Jacobean Tragedy : The Quest for Moral Order*, London, 1962.

RICKS, C., « *Word-Play in Women Beware Women* », in *Review of English Studies*, nouvelle série 12, 1961.

RIGAUD, N., *La Tolérance à l'égard des manquements à la chasteté* in *Tolérance et Intolérances dans le monde anglo-américain aux XVIIe et XVIIIe siècles*, Nantes, 1981.

RIGAUD, N., *Middleton Analyste du Pouvoir* in *Le Pouvoir dans la Littérature et la Pensée anglaise*, CARA, Aix-en-Provence, 1981, pp. 41-56.

SCHOENBAUM, S., *Middleton's Tragedies*, N.Y., 1955.

SHAND, G. B., « *The Staging of Women Beware Women* », in *Research Opportunities in Renaissance Drama*, t. XXVIII, (1985), pp. 29-36.

STAGG, L. C., *An Index to the Figurative Language of Thomas Middleton's Tragedies*, Charlottesville, Va, 1970.

SUTHERLAND, S. P., *Masques in Jacobean Tragedy*, N.Y., 1983, chap. 7, pp. 87-100.

TOMLINSON, T. B., *A Study of Elizabethan and Jacobean Tragedy*, Cambridge 1964, chapter VIII, *Naturalistic Comedy and Tragedy, A Chaste Maid in Cheapside and Women Beware Women*, pp. 158-184.

URE, P., *Elizabethan and Jacobean Drama*, London, 1974.

To the reader

When these amongst others of Mr Thomas Middleton's excellent poems came to my hands, I was not a little confident but that his name would prove as great an inducement for thee to read, as me to print them, since those issues of his brain that have already seen the sun have by their worth gained themselves a free entertainment amongst all that are ingenious; and I am most certain that these will no way lessen his reputation, nor hinder his admission to any noble and recreative spirits. All that I require at thy hands, is to continue the author in his deserved esteem, and to accept of my endeavours which have ever been to please thee.

Farewell.

Au lecteur

Lorsque ces deux poèmes * vinrent entre mes mains, parmi d'autres poèmes excellents de Mr Thomas Middleton, je ne doutai pas un instant que son nom serait pour toi, ami lecteur, une invitation aussi pressante à les lire que pour moi à les imprimer, puisque les autres fruits de son esprit qui ont déjà vu le jour ont été chaleureusement loués pour leurs hautes qualités par les gens habiles ; et je suis persuadé que ces œuvres-ci ne peuvent en rien porter atteinte à sa réputation ou gêner l'accueil que lui réservent tous les nobles esprits en quête de récréation. La seule requête que je t'adresse, c'est de conserver à l'auteur l'estime qu'il mérite, et de faire bon accueil à mes entreprises qui n'ont jamais eu d'autre intention que de te plaire.

Adieu.

* Les deux pièces qui composent le recueil de 1657 : *More Dissemblers Beside Women* et *Women Beware Women*.

UPON THE TRAGEDY OF MY FAMILIAR ACQUAINTANCE, THO. MIDDLETON

Women Beware Women : 'tis a true text
Never to be forgot. Drabs of state vex'd
Have plots, poisons, mischiefs that seldom miss,
To murther virtue with a venom kiss.
Witness this worthy tragedy, express'd
By him that well deserv'd among the best
Of poets in his time. He knew the rage,
Madness of women cross'd ; and for the stage
Fitted their humours, hell-bred malice, strife
Acted in state, presented to the life.
I that have seen 't can say, having just cause,
Never came tragedy off with more applause.

NATH. RICHARDS

Sur la tragédie de mon cher ami, Tho. Middleton

Femmes, méfiez-vous des femmes, voilà un vrai texte
Inoubliable. Dépitées, les putains de grand éclat
Se livrent aux complots, aux poisons les plus sûrs
Pour assassiner la vertu d'un baiser plein de venin.
Témoin cette noble tragédie d'un poète
Justement honoré parmi les meilleurs
De son temps. Il connut la rage
Et la fureur des femmes contrariées ; et à la scène
Il sut rendre leurs humeurs : malice infernale, querelles
Conduites avec éclat, peintes au naturel.
Moi qui l'ai vue, j'ai grande raison de dire
Que jamais tragédie ne fut tant applaudie.

Nath. Richards [1]

1. Nathanael Richards, est l'auteur de satires anti-jésuites (1641) et d'une tragédie contre la tyrannie : *Messalina*, (1640). Les deux ouvrages sont dédicacés à des leaders importants du parti puritain parlementaire anti-royaliste. Richards est peut-être celui par qui le manuscrit de la pièce est parvenu à l'éditeur Humphrey Moseley et sans qui la tragédie serait irrémédiablement perdue.

WOMEN BEWARE WOMEN.

A

TRAGEDY,

BY

Tho, Middleton, Gent.

LONDON:

Printed for *Humphrey Moſeley*, 1657.

DRAMATIS PERSONAE

DUKE of Florence
LORD CARDINAL, Brother to the DUKE
TWO CARDINALS more
A LORD
FABRITIO, Father to ISABELLA
HIPPOLITO, Brother to FABRITIO
GUARDIANO, Uncle to the foolish WARD
The WARD, a rich young Heir
LEANTIO, a Factor, Husband to BIANCA
SORDIDO, the WARD's man
LIVIA, Sister to Fabritio
ISABELLA, Niece to LIVIA
BIANCA, LEANTIO's Wife
WIDOW, his Mother
[TWO LADIES]

STATES of Florence, KNIGHTS, CITIZENS, A PRENTICE, BOYS, MESSENGER, SERVANTS

[Figures in the Masques : HYMEN, GANYMEDE, HEBE, and CUPIDS]

The scene : Florence

Les personnages

Le Duc de Florence
Lord Cardinal, Frère du Duc
Deux Cardinaux
Un Seigneur
Fabritio, Père d'Isabella
Hippolito, Frère de Fabritio
Guardiano, Oncle du Pupille, le Faible d'Esprit.
Le Pupille, Jeune et riche Héritier
Léantio, un Courtier, époux de Bianca
Sordido, le Valet du Pupille
Livia, Sœur de Fabritio
Isabella, Nièce de Livia
Bianca [1], épouse de Léantio
La Veuve, sa Mère
[Deux Dames] [2]

Dignitaires de Florence, Chevaliers, Bourgeois, Un apprenti, Jeunes garcons, Messager, Domestiques

[Personnages du Masque : Hymen, Ganymède, Hébé, et Cupidons]

La scène se passe à Florence

1. L'édition de 1657 donne « Brancha » aussi bien dans la liste des personnages que dans les préfixes des dialogues et le corps de la pièce. Les éditeurs modernes adoptent la lecture « Bianca » en considération des sources et à cause de la probable erreur de lecture du typographe : « Beancha » = « Brancha ».

2. Les crochets signalent que ces indications ne figurent pas dans l'édition de 1657.

Act I, Scene 1

Enter Leantio, with Bianca and Mother.

Mother : Thy sight was never yet more precious to me;
Welcome, with all the affection of a mother
That comfort can express from natural love :
Since thy birth-joy, a mother's chiefest gladness
After sh'as undergone her curse of sorrows,
Thou wast no more dear to me than this hour
Presents thee to my heart. Welcome again.

Leantio : [*Aside*] 'Las, poor affectionate soul, how her joy speaks to me!
I have observed it often, and I know it is
The fortune commonly of knavish children
To have the loving'st mothers.

Mother : What's this gentlewoman?

Leantio : Oh, you have named the most unvalued'st [purchase
That youth of man had ever knowledge of.
As often as I look upon that treasure,
And know it to be mine, (there lies the blessing)
It joys me that I ever was ordained
To have a being, and to live 'mongst men;
Which is a fearful living, and a poor one,
Let a man truly think on 't;
To have the toil and griefs of fourscore years
Put up in a white sheet, tied with two knots.
Methinks it should strike earthquakes in adulterers,
When ev'n the very sheets they commit sin in
May prove, for aught they know, all their last garments.
Oh, what a mark were there for women then!
But beauty able to content a conqueror,

Acte I, Scène 1

Entre Léantio, accompagné de Bianca et de la Mère.

La Mère : Ta vue ne m'a jamais été aussi précieuse ;
L'affection de ta mère te dit la bienvenue
Avec tous les élans d'amour que lui inspire la nature.
Depuis l'heure de ta naissance, — et il n'est plus grande joie
Pour une mère qui a connu la malédiction des douleurs,
Ta présence n'a jamais été aussi chère à mon cœur.
Encore une fois, sois le bienvenu.

Léantio : [*A part.*] Hélas, pauvre âme affectueuse ! Je suis toujours ému par sa joie
Et je sais bien qu'en général, c'est aux coquins
Que la fortune donne les mères les plus aimantes.

La Mère : Qui est cette dame ?

Léantio : Ah, vous nommez ici l'acquisition la plus inestimable
Qu'homme ait jamais faite en sa jeunesse.
Chaque fois que je contemple ce trésor
Je me dis qu'il est à moi par les faveurs du Ciel ! —
Et je me réjouis du destin qui m'a fait venir au monde
Et partager la vie des hommes :
Vie misérable et terrible quand on y réfléchit :
Quatre fois vingt ans de labeur et de peines
Logés dans un drap blanc que l'on noue aux deux bouts [1] !
Les fornicateurs devraient sentir la terre trembler sous leurs pieds,
Puisque ces mêmes draps qui abritent leurs fautes
Seront, autant qu'ils sachent, leur dernière défroque.
Quelle terrible mise en garde pour les femmes !
Mais une beauté qui pourrait satisfaire tel conquérant

Whom earth could scarce content, keeps me in compass;
I find no wish in me bent sinfully
To this man's sister, or to that man's wife;
In love's name let 'em keep their honesties,
And cleave to their own husbands, 'tis their duties.
Now when I go to church, I can pray handsomely;
Not come like gallants only to see faces,
As if lust went to market still on Sundays.
I must confess I am guilty of one sin, mother,
More than I brought into the world with me;
But that I glory in : 'tis theft, but noble
As ever greatness yet shot up withal.

Mother : How's that?

Leantio : Never to be repented, mother,
Though sin be death; I had died, if I had not sinned.
And here's my masterpiece. Do you now behold her!
Look on her well, she's mine. Look on her better.
Now say, if it be not the best piece of theft
That ever was committed. And I have my pardon for 't :
'Tis sealed from Heaven by marriage.

Mother : Married to her!

Leantio : You must keep counsel, mother, I am undone else;
If it be known, I have lost her. Do but think now
What that loss is : life's but a trifle to 't.
From Venice, her consent and I have brought her
From parents great in wealth, more now in rage;
But let storms spend their furies. Now we have got
A shelter o'er our quiet, innocent loves,
We are contented. Little money sh'as brought me :
View but her face, you may see all her dowry,
Save that which lies locked up in hidden virtues,
Like jewels kept in cabinets.

Mother : Y' are to blame,
If your obedience will give way to a check,
To wrong such a perfection.

Que satisfait à peine l'empire du monde, limite mes désirs.
Je ne trouve plus en moi d'inclination coupable
Pour la sœur de celui-ci ou l'épouse de celui-là :
Au nom de l'amour, qu'elles restent chastes
Et se consacrent à leur mari, comme c'est leur devoir !
Maintenant, à l'église, je prie honnêtement :
Je n'y vais plus en galant voir de nouveaux visages,
Comme si la luxure y faisait son marché même le dimanche.
Ma mère, je m'avoue coupable d'un péché
En plus de celui qui naquit avec moi ;
Mais j'en tire gloire : c'est un noble larcin
Comme tous ceux qui donnent accès à la grandeur.

La Mère : Comment cela ?

Léantio : Je ne m'en repentirai jamais,
[ma mère :
Bien que le péché soit mortel, je serais mort si je n'avais pas
[péché.
Et voici mon ouvrage : Contemplez-la !
Regardez bien, elle est à moi. Regardez mieux encore ;
Dites-moi si ce n'est pas le meilleur larcin
Jamais commis ; et j'en ai obtenu pardon
Scellé au Ciel par le mariage.

La Mère : Tu l'as épousée !

Léantio : Il faut garder le secret, ma mère, sinon je suis ruiné.
Si cela se sait, elle est perdue pour moi ; Songez seulement
Ce qu'en serait la perte : la vie n'est rien en regard.
De Venise, avec son consentement, je l'ai enlevée
A des parents dont l'arrogance de nantis s'accroît de leur
[fureur.
Mais que les orages épuisent leur courroux !
Nos amours innocentes ont trouvé un abri,
Cela nous suffit. Elle ne m'apporte guère d'argent :
Regardez ce visage : vous y voyez toute sa dot,
Mis à part le trésor de ses vertus cachées
Comme joyaux enfermés dans leur tiroir secret.

La Mère : Si en bon fils,
Tu peux accepter un reproche, tu es à blâmer
De faire si grand tort à telle perfection !

Leantio : How?

Mother : Such a creature,
To draw her from her fortune, which no doubt,
At the full time, might have proved rich and noble :
You know not what you have done. My life can give you
But little helps, and my death lesser hopes ;
And hitherto your own means has but made shift
To keep you single, and that hardly too.
What ableness have you to do her right, then,
In maintenance fitting her birth and virtues,
Which every woman of necessity looks for,
And most to go above it, not confined
By their conditions, virtues, bloods, or births,
But flowing to affections, wills and humours?

Leantio : Speak low, sweet mother : you are able to spoil as [many
As come within the hearing ; if it be not
Your fortune to mar all, I have much marvel.
I pray do not you teach her to rebel,
When she's in a good way to obedience ;
To rise with other women in commotion
Against their husbands, for six gowns a year,
And so maintain their cause, when they're once up,
In all things else that require cost enough.
They are all of 'em a kind of spirits soon raised,
But not so soon laid, mother. As for example,
A woman's belly is got up in a trice ;
A simple charge ere it be laid down again ;
So ever in all their quarrels, and their courses.
And I am a proud man I hear nothing of 'em ;
They're very still, I thank my happiness,
And sound asleep ; pray let not your tongue wake 'em.
If you can but rest quiet, she's contented
With all conditions that my fortunes bring her to :
To keep close as a wife that loves her husband ;
To go after the rate of my ability,
Not the licentious swindge of her own will,

Léantio : Comment ?

La Mère : Une dame comme elle,
En l'arrachant à sa fortune, qui, nul doute, le temps venu,
Lui aurait octroyé titres et richesses,
Tu ne sais pas ce que tu as fait. Ma vie ne peut vous apporter
Que bien peu d'appui ; ma mort, des espérances plus maigres
[encore.
Jusqu'ici, tes ressources t'ont tout juste suffi
Pour vivre seul, et encore à grand-peine.
Quels moyens auras-tu de lui rendre justice
En la traitant selon sa naissance et ses vertus ?
Aucune femme ne peut s'attendre à moins.
Beaucoup veulent davantage, bien au-delà
De leur condition, leurs vertus, leur sang ou leur naissance,
Et elles s'abandonnent au flot des désirs, des ambitions et des
[humeurs.

Léantio : Parlez bas, ma chère mère : vous risquez de tenter
Quiconque pourrait vous entendre ! Si par fortune
Vous ne gâchez pas tout, ce sera merveille.
Je vous en prie, ne lui apprenez pas à se rebeller
Quand elle est sur le chemin de l'obéissance ;
A se révolter avec ces autres femmes qui s'insurgent
Contre leur mari pour avoir six robes l'an,
Puis, fortes de leur victoire, poursuivent leur querelle
En exigeant toutes ces choses qui entraînent grande dépense.
Ce sont toutes des esprits en peine, plus vite invoqués
Que conjurés, ma mère, comme ventre de femme
Qui enfle sans qu'on y prenne garde,
Belle affaire alors pour le désenfler !
Il en va de même de toutes leurs querelles et manigances,
Et je tire orgueil de ne pas les entendre :
Elles se taisent, Dieu merci, et dorment d'un sommeil profond ;
Je vous en prie, ne les réveillez pas de vos discours.
Sachez rester en paix, elle se contentera
De toutes les conditions que lui imposera ma fortune :
Garder la maison en épouse aimante,
Suivre le train de mes ressources,
Et non le caprice déréglé de ses propres désirs

Like some of her old schoolfellows. She intends
To take out other works in a new sampler,
And frame the fashion of an honest love,
Which knows no wants, but, mocking poverty,
Brings forth more children, to make rich men wonder
At divine Providence, that feeds the mouths of infants,
And sends them none to feed, but stuffs their rooms
With fruitful bags, their beds with barren wombs.
Good mother, make not you things worse than they are,
Out of your too much openness — pray take heed on 't —
Nor imitate the envy of old people
That strive to mar good sport, because they are perfect.
I would have you more pitiful to youth,
Especially to your own flesh and blood.
I'll prove an excellent husband, here's my hand,
Lay in provision, follow my business roundly,
And make you a grandmother in forty weeks.
Go, pray salute her, bid her welcome cheerfully.

Mother : Gentlewoman, thus much is a debt of courtesy
[*Kisses Bianca.*]
Which fashionable strangers pay each other
At a kind meeting ; then there's more than one,
Due to the knowledge I have of your nearness ;
[*Kisses her again.*]
I am bold to come again, and now salute you
By th' name of daughter, which may challenge more
Than ordinary respect. [*Kisses her a third time.*]

Leantio : [*Aside.*] Why, this is well now,
And I think few mothers of threescore will mend it.

Mother : What I can bid you welcome to is mean,
But make it all your own ; we are full of wants,
And cannot welcome worth.

Leantio : Now this is scurvy,
And spake as if a woman lacked her teeth.

Comme certaines de ses anciennes compagnes d'école.
Elle est résolue à broder sur un autre canevas
Le motif nouveau d'un amour honnête,
Ignorant le besoin et bravant la misère,
Si fertile en enfants que les riches s'étonneront de voir
La divine Providence donner à manger aux nouveau-nés
Alors qu'à eux, elle n'envoie aucune bouche à nourrir
Et bourre leurs appartements de cassettes fécondes
Et leurs lits d'entrailles stériles.
Ma bonne mère, n'aggravez pas les choses
Par vos paroles trop libres ! Prenez-y garde, je vous prie,
Et n'imitez pas non plus l'envie des vieillards
Qui s'évertuent à gâcher tout plaisir, parce qu'ils n'ont plus de [désirs.
Je voudrais vous voir plus charitable pour la jeunesse
Et surtout pour votre propre sang.
Voici ma main. Je serai un excellent mari,
Prévoyant, diligent dans mes affaires ;
Et je ferai de vous une grand-mère avant quarante semaines.
Allons, je vous en prie, embrassez-la en cordiale bienvenue !

La Mère : Madame, j'acquitte ici la dette de courtoisie
[*Elle lui donne un baiser.*]
Qu'impose à toute étrangère de qualité
Une rencontre amicale ; mais je vous dois plus,
Puisque j'apprends que nous sommes parentes :
[*Elle l'embrasse à nouveau.*]
J'ai la hardiesse de revenir vous embrasser
En vous appelant ma fille, un nom qui commande
Plus que le simple respect.
[*Elle l'embrasse une troisième fois.*]

Léantio : [*A part.*] Voilà qui est fort bien :
Je crois que peu de mères âgées de soixante ans pourraient [faire mieux.

La Mère : Ce que je peux vous offrir est bien médiocre
Mais disposez de tout : nous sommes dans la gêne
Et ne pouvons pas faire honnête accueil au mérite.

Léantio : [*à part*] Voilà qui est indigne par contre !
Elle parle comme une femme qui aurait perdu ses dents.

These old folks talk of nothing but defects,
Because they grow so full of 'em themselves.

Bianca : Kind mother, there is nothing can be wanting
To her that does enjoy all her desires.
Heaven send a quiet peace with this man's love,
And I am as rich as virtue can be poor ;
Which were enough, after the rate of mind,
To erect temples for content placed here.
I have forsook friends, fortunes, and my country,
And hourly I rejoice in 't. Here's my friends,
And few is the good number. Thy successes,
Howe'er they look, I will still name my fortunes ;
Hopeful or spiteful, they shall all be welcome.
Who invites many guests has all sorts,
And he that trafficks much drinks of all fortunes ;
Yet they must all be welcome, and used well.
I'll call this place the place of my birth now,
And rightly too ; for here my love was born,
And that's the birthday of a woman's joys.
(To Leantio.)
You have not bid me welcome since I came.

Leantio : That I did, questionless.

Bianca : No sure, how was 't ?
I have quite forgot it.

Leantio : Thus. [*He kisses her.*]

Bianca : Oh sir, 'tis true,
Now I remember well. I have done thee wrong :
Pray take 't again, sir. [*Kisses him.*]

Leantio : How many of these wrongs
Could I put up in an hour, and turn up the glass
For twice as many more.

Mother : Will 't please you
To walk in, daughter ?

Ces vieilles gens n'ont que défauts à la bouche
Peut-être parce qu'eux-mêmes en sont si affligés.

Bianca : Ma chère mère, rien ne peut manquer
A celle dont tous les désirs sont comblés.
Qu'avec l'amour de cet homme, le Ciel m'accorde une paix
[sereine,
Et, autant que la vertu peut être pauvre,
Je trouverai ici richesse qui, à l'estime du cœur
Suffira à dresser un temple à mon bonheur en cette maison.
J'ai abandonné amis, fortune et patrie,
Et je m'en félicite à chaque instant : mes amis sont ici,
Et qu'ils soient peu nombreux, c'est bien.
Ton sort, quoi qu'il t'advienne, sera ma fortune.
Souriant ou grimaçant, il sera le bienvenu !
Qui a beaucoup d'invités reçoit toutes sortes de gens,
Et qui fait grand commerce boit à toutes les coupes ;
Pourtant il faut à tout et à tous faire bon accueil.
Désormais c'est ici le lieu de ma naissance,
J'ai raison de le dire, car c'est ici qu'est né mon amour,
Et pour une femme, c'est ce jour-là que naissent ses joies.
[*A Léantio.*]
Vous ne m'avez pas souhaité la bienvenue depuis mon arrivée !

Léantio : Mais si, sans aucun doute !

Bianca : Mais non ! Comment
l'avez-vous fait ?
Je ne m'en souviens pas.

Léantio : Ainsi ! [*Il lui donne un baiser.*]

Bianca : Ah monsieur, cela
[est vrai,
Je m'en souviens maintenant. Je t'ai accusé à tort :
Je t'en prie, reprends ce baiser [*Ils s'embrassent.*]

Léantio : Ah, combien de ces torts
Je voudrais subir en une heure. Et renverser le sablier
Pour les souffrir une heure encore !

La Mère : Vous plaît-il d'entrer, ma fille ?

Bianca : Thanks, sweet mother;
The voice of her that bare me is not more pleasing.
Exeunt [Mother and Bianca].

Leantio : Though my own care and my rich master's trust
Lay their commands both on my factorship,
This day and night I'll know no other business
But her and her dear welcome. 'Tis a bitterness
To think upon tomorrow, that I must leave her
Still to the sweet hopes of the week's end.
That pleasure should be so restrained and curbed
After the course of a rich workmaster,
That never pays till Saturday night!
Marry, it comes together in a round sum then,
And does more good you'll say. O fair-eyed Florence!
Didst thou but know what a most matchless jewel
Thou now art mistress of, a pride would take thee
Able to shoot destruction through the bloods
Of all thy youthful sons. But 'tis great policy
To keep choice treasures in obscurest places.
Should we show thieves our wealth, 'twould make 'em bolder.
Temptation is a devil will not stick
To fasten upon a saint; take heed of that.
The jewel is cased up from all men's eyes.
Who could imagine now a gem were kept,
Of that great value, under this plain roof?
But how in times of absence? What assurance
Of this restraint then? Yes, yes, there's one with her.
Old mothers know the world; and such as these,
When sons lock chests, are good to look the keys.
[*Exit.*]

Bianca : Merci, ma chère mère ;
La voix de celle qui m'a mise au monde n'est pas plus douce à mon oreille.

Elles sortent.

Léantio : Bien que mon propre intérêt et la confiance d'un [maître opulent
Régissent tous deux ma charge de courtier,
Ce jour et cette nuit, je n'aurai de soin
Que pour elle et le plaisir de l'accueillir. Il est amer
De penser à demain ; penser qu'il me faudra l'abandonner
Au doux espoir de la retrouver après une semaine ;
Que mon plaisir sera ainsi refréné et bridé
Par les pratiques d'un riche patron
Qui ne paie jamais avant le samedi soir. Parbleu,
Cela se monte alors à une somme rondelette
Qui fait d'autant plus plaisir, me direz-vous. Ô Florence au [clair regard,
Si tu savais de quel incomparable joyau
Tu es maintenant maîtresse, ton orgueil enflammerait le sang
De tous tes jeunes fils pour en faire des prédateurs.
Mais il est politique de garder les bijoux
Les plus précieux dans les recoins les plus obscurs.
Si l'on montrait sa richesse aux voleurs, on les rendrait plus [hardis.
La tentation est un démon qui ne se fait pas scrupule
De s'agripper même à un saint ; prends-y garde !
Ce bijou est caché à l'abri du regard de tous les hommes ;
Qui pourrait alors imaginer joyau de si grand prix
Conservé sous ce simple toit ?
Mais qu'adviendra-t-il en mon absence ? Quelle assurance
Que cette discrétion sera observée ?
Ah, mais si ! Quelqu'un reste près d'elle !
Les mères à qui l'âge a donné l'expérience du monde,
Du trésor de leur fils savent garder les clés. [*Il sort.*]

Act I, Scene 2

Enter Guardiano, Fabritio, and Livia [with servants].

Guardiano : What, has your daughter seen him yet? Know
[you that?

Fabritio : No matter, she shall love him.

Guardiano : Nay, let's have fair play!
He has been now my ward some fifteen year,
And 'tis my purpose, as time calls upon me,
By custom seconded, and such moral virtues,
To tender him a wife. Now sir, this wife
I'd fain elect out of a daughter of yours.
You see my meaning's fair. If now this daughter
So tendered (let me come to your own phrase, sir)
Should offer to refuse him, I were hanselled. [*Aside.*]
Thus am I fain to calculate all my words
For the meridian of a foolish old man,
To take his understanding! [*To Fabritio.*] What do you answer,
[sir?

Fabritio : I say still she shall love him.

Guardiano : Yet again?
And shall she have no reason for this love?

Fabritio : Why, do you think that women love with reason?

Guardiano : [*Aside.*] I perceive fools are not at all hours
[foolish,
No more than wise men wise.

Fabritio : I had a wife,
She ran mad for me; she had no reason for 't
For aught I could perceive. What think you,
Lady sister?

Acte I, Scène 2

Entrent Guardiano, Fabritio, et Livia [et des domestiques.]

Guardiano : Dites-moi, votre fille l'a-t-elle déjà vu ? Le [savez-vous ?

Fabritio : Qu'importe, elle l'aimera.

Guardiano : Allons, jouons franc jeu :
Voici quelque quinze ans qu'il est mon pupille,
Et je suis résolu, ainsi que m'en pressent le temps,
Les usages et les vertus les plus respectables,
A lui offrir une épouse. Et bien, monsieur, cette épouse,
J'estimerais heureux que ce soit votre fille.
Vous voyez que je joue franc jeu ! Or si, une fois offerte,
(Pour parler comme vous, monsieur), cette fille
S'avisait de le refuser, me voilà beau ! [*A part.*]
Encore heureux que j'ajuste ainsi mes paroles
Pour me faire entendre de ce vieux benêt ! [*A Fabritio.*]
Que me répondez-vous, monsieur ?

Fabritio : Je vous répète qu'elle l'aimera.

Guardiano : Quoi, encore ?
L'aimera-t-elle donc sans raison ?

Fabritio : Et croyez-vous que les femmes aiment avec [raison ?

Guardiano : [*A part.*] Je vois que les sots ne sont pas sots à [toute heure,
Pas plus que les sages ne sont sages à toute heure.

Fabritio : J'avais une épouse,
Elle était folle de moi : la raison n'y était pour rien
Autant que j'aie pu voir. Qu'en pensez-vous, madame ma [sœur ?

Guardiano : [*Aside.*] 'Twas a fit match that,
Being both out of their wits. [*To Fabritio.*] A loving wife, it
[seemed,
She strove to come as near to you as she could.

Fabritio : And if her daughter prove not mad for love too,
She takes not after her ; nor after me,
If she prefer reason before my pleasure. [*To Livia.*]
You 're an experienced widow, lady sister,
I pray let your opinion come amongst us.

Livia : I must offend you then, if truth will do 't,
And take my niece's part, and call 't injustice
To force her love to one she never saw.
Maids should both see and like ; all little enough ;
If they love truly after that, 'tis well.
Counting the time, she takes one man till death.
That's a hard task, I tell you ; but one may
Enquire at three years' end amongst young wives,
And mark how the game goes.

Fabritio : Why, is not man
Tied to the same observance, lady sister,
And in one woman ?

Livia : 'Tis enough for him ;
Besides, he tastes of many sundry dishes
That we, poor wretches, never lay our lips to :
As obedience, forsooth, subjection, duty, and such kickshaws,
All of our making, but served in to them ;
And if we lick a finger then, sometimes,
We are not to blame : your best cooks use it.

Fabritio : Th' art a sweet lady, sister, and a witty —

Livia : A witty ! Oh, the bud of commendation
Fit for a girl of sixteen ! I am blown, man !

Guardiano : [*A part.*] Un couple bien assorti, aussi fous l'un que l'autre ! [*A Fabritio.*] Une bonne épouse, semble-t-il :
Elle a mis tout son cœur à se rapprocher de vous !

Fabritio : Si sa fille, à son tour, ne devient pas folle d'amour,
Elle ne sera pas la fille de sa mère ; ni fille de son père
Si elle préfère la raison à mon bon plaisir.
[*A Livia.*]
Madame ma sœur, vous qui êtes veuve et connaissez la vie,
Faites-nous connaître votre opinion.

Livia : Si la vérité peut offenser, je dois vous faire offense
Et prendre le parti de ma nièce ; vous dire qu'il est injuste
De la forcer d'aimer qui elle n'a jamais vu.
Une fille doit voir et aimer ce qu'elle voit ; est-ce trop ?
Si tous deux s'aiment alors vraiment, très bien !
Songez au temps : elle prend mari jusqu'à sa mort ;
C'est une tâche ardue, je vous le dis :
Demandez donc aux jeunes épousées ce qu'il en est
Après trois ans, et voyez où en sont leurs ébats.

Fabritio : Mais, madame ma sœur,
L'homme n'est-il pas soumis à même obligation
Envers une seule et même femme ?

Livia : Cela suffit ainsi !
D'ailleurs il goûte bien des mets délicats
Auxquels, nous autres infortunées ne portons jamais les lèvres :
L'obéissance, ma foi, la soumission, le devoir, et toutes ces [friandises
Préparées par nos soins, mais servies à leur table ;
Et si parfois nous nous léchons les doigts,
Qui peut nous en blâmer ? Les plus grands maîtres queux le [font bien !

Fabritio : Bonne dame, ma sœur, toi qui as de l'esprit...

Livia : De l'esprit ! C'est là compliment en bouton
Pour fillette de seize ans ! Je suis dans ma fleur, bonhomme,

I should be wise by this time; and, for instance,
I have buried my two husbands in good fashion,
And never mean more to marry.

Guardiano : No? Why so, lady?

Livia : Because the third shall never bury me.
I think I am more than witty. How think you, sir?

Fabritio : I have paid often fees to a counsellor
Has had a weaker brain.

Livia : Then I must tell you,
Your money was soon parted.

Guardiano : [*To Fabritio.*] Light her now, brother!

Livia : Where's my niece? Let her be sent for straight.
If you have any hope 'twill prove a wedding,
'Tis fit, i' faith, she should have one sight of him,
And stop upon 't, and not be joined in haste
As if they went to stock a new-found land.

Fabritio : Look out her uncle, and y' are sure of her;
Those two are nev'r asunder : they've been heard
In argument at midnight, moonshine nights
Are noondays with them; they walk out their sleeps,
Or rather at those hours, appear like those
That walk in 'em, for so they did to me.
Look you, I told you truth; they're like a chain :
Draw but one link, all follows.

Enter [servant,] Hippolito and Isabella the Niece.

Guardiano : Oh, affinity,
What piece of excellent workmanship art thou!
'Tis work clean wrought; for there's no lust, but love in 't,
And that abundantly; when in stranger things
There is no love at all, but what lust brings.

Et il est temps d'être sage ; ainsi, par exemple,
J'ai dûment enterré mes deux maris,
Et n'ai nulle intention de me remarier.

Guardiano : Et pourquoi cela, madame ?

Livia : Parce que je ne veux pas que le troisième m'enterre.
Je crois avoir plus que de l'esprit, qu'en dites-vous, monsieur ?

Fabritio : J'ai souvent payé les conseils d'un avocat
Doté de moins de cervelle.

Livia : Et bien, je vous le dis,
Votre argent vous glisse facilement entre les doigts.

Guardiano : [*A Fabritio.*] Parlez-lui maintenant, mon [frère !

Livia : Où est ma nièce ? Qu'on l'envoie chercher tout de [suite
Si vous avez espoir que ce mariage se fasse.
Il est fort à propos qu'elle puisse l'entrevoir
Et qu'elle y réfléchisse ; non pas qu'on les unisse en hâte
Comme s'ils devaient aller peupler les colonies [2].

Fabritio : Cherchez son oncle et vous la trouverez.
Ces deux-là ne se quittent jamais ; on les entend
Discuter à minuit ; les nuits de lune sont pour eux
Soleils de midi : à l'heure de dormir, ils marchent,
Ou plutôt, à ces heures-là, ils vont comme ceux
Qui marchent dans leur sommeil. Je les ai vus ainsi.
Regardez, j'ai dit vrai : ils sont comme enchaînés.
Tirez un maillon, l'autre suit.

Entrent [un domestique],
Hippolito et Isabella, la nièce.

Guardiano : Oh, affection entre parents,
Quel art consommé a su te concevoir !
Ouvrage parfait, libéré de la chair : l'amour seul est ici,
Et à profusion ; tandis qu'hors la famille
Il n'est d'amour que ce qu'apporte avec lui le désir.

Fabritio : [*To Isabella.*] On with your mask, for 'tis your part [to see now,
And not be seen. Go to, make use of your time;
See what you mean to like; nay, and I charge you,
Like what you see. Do you hear me? There's no dallying;
The gentleman's almost twenty, and 'tis time
He were getting lawful heirs, and you a-breeding on 'em.

Isabella : Good father!

Fabritio : Tell not me of tongues and rumours!
You'll say the gentleman is somewhat simple;
The better for a husband, were you wise:
For those that marry fools live ladies' lives.
On with the mask, I'll hear no more; he's rich:
The fool's hid under bushels.

Livia : Not so hid neither,
But here's a foul great piece of him, methinks;
What will he be, when he comes altogether?

Enter the Ward with a trapstick, and Sordido his man.

Ward : Beat him?
I beat him out o'th' field with his own cat-stick,
Yet gave him the first hand.

Sordido : Oh, strange!

Ward : I did it,
Then he set jacks on me.

Sordido : What, my lady's taylor?

Ward : Ay, and I beat him too.

Sordido : Nay, that's no wonder,
He's used to beating.

Ward : Nay, I tickled him
When I came once to my tippings.

Fabritio : [*A Isabella.*] Allons, mettez votre masque : votre rôle est de voir
Sans être vue. Eh bien, profitez de ce moment
Pour voir ce que vous allez aimer. Que dis-je ? faites en sorte
D'aimer ce que vous verrez ! M'entendez-vous ? On ne peut [plus attendre.
Le gentilhomme a presque vingt ans, et il est temps pour lui
D'engendrer des héritiers légitimes, et pour vous de les élever.

Isabella : Mon cher père, ...

Fabritio : Ne me parlez pas de rumeurs et de ragots.
Vous me direz que le gentilhomme est quelque peu simplet...
Il n'en sera que meilleur mari, si vous êtes avisée :
Celle qui épouse un sot vit en grande dame.
Allons, votre masque ! Cela suffit : il est riche !
Le nigaud est caché sous de nombreux boisseaux.

Livia : Pas si caché pourtant
Qu'on ne puisse en entrevoir un méchant échantillon !
Cela promet, quand il sera ici tout entier !

Entrent le Pupille portant un maillet de croquet [3], et Sordido, son valet.

Le Pupille : Si je l'ai battu ?
Je l'ai chassé du terrain avec son propre maillet,
Et pourtant je l'ai laissé jouer premier.

Sordido : C'est étrange !

Le Pupille : Si fait !
Mais il a lâché des coquins à mes trousses !

Sordido : Quoi, notre tailleur pour dames ?

Le Pupille : Oui, et je l'ai battu, à plate couture !

Sordido : Et bien, rien d'étonnant ;
Il a l'habitude des plates coutures.

Le Pupille : Je l'ai chatouillé joliment
Au moment de croquer la boule.

Sordido : Now you talk on 'em, there was a poulterer's wife made a great complaint of you last night to your guardianer, that you struck a bump in her child's head, as big as an egg.

Ward : An egg may prove a chicken then, in time ; the poulterer's wife will get by 't. When I am in game, I am furious : came my mother's eyes in my way, I would not lose a fair end ; no, were she alive, but with one tooth in her head, I should venture the striking out of that. I think of nobody when I am in play, I am so earnest. Coads me, my guardiner ! Prithee lay up my cat and cat-stick safe.

Sordido : Where, sir ? I'th' chimney corner ?

Ward : Chimney corner ?

Sordido : Yes, sir, your cats are always safe i'th' chimney corner, unless they burn their coats.

Ward : Marry, that I am afraid on.

Sordido : Why then, I'll bestow your cat i'th' gutter, and there she's safe, I am sure.

Ward : If I but live to keep a house *, I'll make thee a great man if meat and drink can do 't. I can stoop gallantly, and pitch out when I list ; I'm dog at a hole. I mar'l my guardiner does not seek a wife for me ; I protest, I'll have a bout with the maids else, or contract myself at midnight to the larder-woman in presence of a fool or a sack-posset.

Guardiano : Ward !

Ward : I feel myself after any exercise horribly prone : let me but ride, I'm lusty ; a cockhorse straight, i' faith.

*. L'octavo de 1657 donne le passage en vers très irréguliers. Les coupures paraissent souvent aléatoires et il semble préférable de transcrire en prose l'ensemble du dialogue entre le pupille et Guardiano.

Sordido : A propos,
Il y a une volaillère qui est venue hier soir voir votre tuteur pour se plaindre à grand fracas que vous ayez frappé son fils sur le crâne, et lui ayez fait une bosse aussi grosse qu'un œuf.

Le Pupille : L'œuf peut devenir poulet, et la volaillère y trouvera son compte. Quand je me prends au jeu, je suis déchaîné ; je sacrifierais les yeux de ma mère pour ne pas perdre une partie ; et si elle était encore en vie, avec une seule dent sur sa mâchoire, je n'hésiterais pas à casser cette dent. Quand je joue, je suis si sérieux que je n'ai plus de pensée pour personne. Morbleu, mon tuteur ! Mets vite en sûreté mon poussoir et mes boules !

Sordido : Où cela, monsieur ? Dans le boyau de la cheminée ?

Le Pupille : Dans le boyau !

Sordido : Mais oui, monsieur, un bon boyau à ramoner, c'est le meilleur endroit où cacher votre poussoir, pourvu qu'il ne s'y échauffe pas trop [4].

Le Pupille : Parbleu, c'est justement ce qui me fait peur !

Sordido : Et bien alors, je vais le mettre avec les vieilles paillasses, là, il ne risquera rien, j'en suis sûr.

Le Pupille : Si un jour je tiens maison, je ferai de toi aussi grand homme qu'on peut le devenir à force de manger et de boire. Je suis bon chasseur, je tire comme je veux ; je mets toujours dans le mille [5] : je m'étonne que mon tuteur ne me cherche pas une épouse ! A défaut, il va me falloir jouer avec les soubrettes, ou m'accorder à minuit avec la fille de cuisine par devant Maître Chapon ou Dame Charlotte.

Guardiano : Mon pupille !

Le Pupille : Dès que je fais de l'exercice, je me sens terriblement porté sur la chose : à peine en selle, je suis déjà parti et prêt à sonner l'hallali.

Guardiano : Why, ward, I say!

Ward : I'll forswear eating eggs in moonshine nights; there's nev'r a one I eat, but turns into a cock in four-and-twenty hours; if my hot blood be not took down in time, sure 'twill crow shortly.

Guardiano : Do you hear, sir? Follow me, I must new school you.

Ward : School me? I scorn that now; I am past schooling. I am not so base to learn to write and read: I was born to better fortunes in my cradle.

[*Exeunt Guardiano, Ward, Sordido and servant.*]

Fabritio : How do you like him, girl? This is your husband.
Like him or like him not, wench, you shall have him,
And you shall love him.

Livia : Oh, soft there, brother! Though you be a justice,
Your warrant cannot be served out of your liberty.
You may compel, out of the power of father,
Things merely harsh to a maid's flesh and blood;
But when you come to love, there the soil alters;
Y' are in another country, where your laws
Are no more set by, than the cacklings
Of geese in Rome's great Capitol.

Fabritio : Marry him she shall then;
Let her agree upon love afterwards. *Exit.*

Livia : You speak now, brother, like an honest mortal
That walks upon th' earth with a staff;
You were up i'th' clouds before. You 'd command love!
And so do most old folks that go without it. [*To Hippolito.*]
My best and dearest brother, I could dwell here;
[*She embraces him.*]

Guardiano : Holà, mon pupille !

Le Pupille : Je ne mangerai plus jamais d'œufs à la coque la nuit. Si j'en mange, le poussin éclôt dans les vingt-quatre heures et si je n'apaise pas mes ardeurs à temps, il ne tarde pas à faire cocorico.

Guardiano : M'entendez-vous, monsieur ? Suivez-moi. Je dois poursuivre votre instruction.

Le Pupille : Mon instruction ? Je n'en fais pas grand cas : je ne suis pas si vil que je doive apprendre à lire et à écrire. Je suis né pour de meilleures fortunes.

[*Guardiano, le pupille,*
Sordido et le domestique sortent.]

Fabritio : Te plaît-il, ma fille ? C'est là ton mari.
Qu'il te plaise ou non, tu l'épouseras, fillette,
Et tu l'aimeras.

Livia : Oh, doucement, mon frère ! Tout magistrat que vous [êtes,
Votre mandat ne peut s'exercer hors de votre juridiction.
Votre puissance paternelle peut imposer à une jeune fille
Les contraintes de corps les plus sévères,
Mais quand il s'agit d'amour, vous êtes sur une autre terre
En pays étranger, où vos décrets n'ont pas plus d'autorité
Que le caquètement des oies sur le Capitole romain[6].

Fabritio : Eh bien ma foi, qu'elle l'épouse
Et elle consentira à l'aimer plus tard. *Il sort.*

Livia : Ah, mon frère, voilà qui est parler comme un honnête [mortel
Marchant les pieds sur terre, appuyé sur son bâton.
Vous étiez dans les nuages : vouloir ainsi commander à [l'amour !...
Comme tous ceux que l'âge contraint à s'en passer.
[*A Hippolito.*]
Le plus cher et le meilleur des frères !
Je pourrais m'attarder éternellement ici. [*Elle l'embrasse.*]

There is not such another seat on earth
Where all good parts better express themselves.

Hippolito : You'll make me blush anon.

Livia : 'Tis but like saying grace before a feast, then,
And that's most comely : thou art all a feast,
And she that has thee, a most happy guest.
Prithee cheer up thy niece with special counsel.
[*Exit.*]

Hippolito : I would 'twere fit to speak to her what I would ; [but
'Twas not a thing ordained, Heaven has forbid it ;
And 'tis most meet that I should rather perish
Than the decree divine receive least blemish.
Feed inward, you my sorrows, make no noise,
Consume me silent, let me be stark dead
Ere the world know I'm sick. You see my honesty ;
If you befriend me, so.

Isabella : [*Aside.*] Marry a fool !
Can there be greater misery to a woman
That means to keep her days true to her husband
And know no other man, so virtue wills it !
Why, how can I obey and honour him,
But I must needs commit idolatry ?
A fool is but the image of a man,
And that but ill made, neither. Oh, the heartbreakings
Of miserable maids, where love's enforced !
The best condition is but bad enough :
When women have their choices, commonly
They do but buy their thraldoms, and bring great portions
To men to keep 'em in subjection ;
As if a fearful prisoner should bribe
The keeper to be good to him, yet lies in still,
And glad of a good usage, a good look

Il n'est pas sur terre une autre demeure
Où tous les dons se manifestent avec autant d'excellence !

Hippolito : Vous ne tarderez pas à me faire rougir.

Livia : C'est alors comme si je disais une action de grâce [avant un festin
Et ceci fort à propos, car tout en toi est festin,
Et ta maîtresse sera la plus fortunée des convives.
Je t'en prie, réconforte ta nièce de tes conseils avisés.
[*Elle sort.*]

Hippolito : Je voudrais bien qu'il fût convenable de lui dire [mes désirs.
Mais le destin ne l'a pas voulu ; le Ciel l'interdit ;
Et à toute force je dois périr plutôt
Que déroger en rien au décret divin.
Ô, vous mes tourments, rongez-moi en silence,
Consumez-moi sans que je dise un mot !
Que la rigidité de la mort me saisisse
Avant que le monde me sache malade. Ô vous, témoins de mon [honnêteté,
Venez à mon secours !

Isabella : [*A part.*] Épouser un sot !
Peut-il y avoir plus grand malheur pour une femme
Qui entend rester fidèle à son mari,
Et ne pas connaître d'autre homme, comme le veut la vertu ?
Comment puis-je lui rendre honneurs et obéissance
Sans me rendre coupable d'idolâtrie ?
Un sot n'est que l'image d'un homme,
Et de plus, contrefaite. Oh, le crève-cœur
Des filles misérables qu'on force d'aimer !
Au mieux, leur condition est déjà bien ingrate :
Quand le choix est laissé aux femmes, il est commun
Qu'elles ne puissent qu'acheter leur esclavage, en apportant [aux hommes
De larges dots pour qu'ils les maintiennent dans la servitude.
Comme le prisonnier qui par crainte soudoierait son geôlier
Pour quelques bontés, mais ne resterait pas moins à croupir,
Heureux à l'occasion d'un geste ou d'un regard bienveillant.

Sometimes, by 'r Lady. No misery surmounts a woman's :
Men buy their slaves, but women buy their masters.
Yet honesty and love makes all this happy,
And, next to angels', the most blest estate.
That Providence that has made ev'ry poison
Good for some use, and sets four warring elements
At peace in man, can make a harmony
In things that are most strange to human reason.
Oh, but this marriage ! [*To Hippolito.*] What, are you sad too,
[uncle ?
Faith then, there's a whole household down together !
Where shall I go to seek my comfort now
When my best friend's distressed ? What is 't afflicts you, sir ?

Hippolito : Faith, nothing but one grief that will not leave
[me,
And now 'tis welcome ; ev'ry man has something
To bring him to his end, and this will serve,
Joined with your father's cruelty to you
That helps it forward.

Isabella : Oh, be cheered, sweet uncle !
How long has 't been upon you ? I never spied it ;
What a dull sight have I ! How long, I pray, sir ?

Hippolito : Since I first saw you, niece, and left Bologna.

Isabella : And could you deal so unkindly with my heart,
To keep it up so long hid from my pity ?
Alas, how shall I trust your love hereafter ?
Have we passed through so many arguments,
And missed of that still, the most needful one ?
Walked out whole nights together in discourses,
And the main point forgot ? We are to blame both :
This is an obstinate, wilful forgetfulness,
And faulty on both parts. Let's lose no time now.
Begin, good uncle, you that feel 't. What is it ?

Sur ma foi, il n'est pire misère que celle d'une femme :
Les hommes achètent leurs esclaves, mais les femmes achètent [leurs maîtres.
Pourtant, l'honnêteté et l'amour apportent un bonheur
Que seule surpasse la félicité des anges bienheureux.
La Providence qui a prévu un bon usage pour chaque poison,
Qui a concilié en l'homme les quatre éléments ennemis,
Peut aussi faire naître l'harmonie entre ces choses
Que la raison humaine juge les plus éloignées.
Mais ce mariage ! [*A Hippolito.*] Quoi, êtes-vous triste aussi, [mon oncle ?
Ma foi, c'est toute la famille qui est abattue !
Où irai-je alors chercher réconfort
Si mon meilleur ami est dans la détresse ? Qu'est-ce donc qui [vous afflige, monsieur ?

Hippolito : Rien, ma foi, si ce n'est un unique chagrin qui ne [veut pas partir
Et qui est à présent bienvenu. Il est pour chacun quelque chose
Qui doit le conduire à sa fin : ce chagrin fera l'affaire,
Secondé comme il l'est par la cruauté de votre père pour vous.

Isabella : Quittez ces tristes pensées, mon bel oncle !
Depuis quand vous font-elles souffrir ? Je ne m'en suis jamais [aperçue,
Comme je suis aveugle ! Depuis quand, je vous prie ?

Hippolito : Depuis que je vous ai vue, ma nièce, et que j'ai [quitté Bologne.

Isabella : Et avez-vous pu être assez cruel
Pour les cacher si longtemps à la pitié de mon cœur ?
Hélas, comment croirai-je à votre amour, désormais ?
Avons-nous parcouru tant de lieux de débat
sSans jamais traverser celui-ci, le premier entre tous ?
Passé des nuits entières à discourir en marchant,
Et oublié le point essentiel ? Nous sommes tous deux à blâmer ;
Pour cet oubli coupable, opiniâtre, obstiné.
Ne perdons plus de temps : parlez, mon bon oncle,
Vous qui souffrez. Qu'est-ce donc ?

Hippolito : You of all creatures, niece, must never hear [on 't :
'Tis not a thing ordained for you to know.

Isabella : Not I, sir ? All my joys that word cuts off.
You made profession once you loved me best :
'Twas but profession !

Hippolito : Yes, I do 't too truly,
And fear I shall be chid for 't. Know the worst then :
I love thee dearlier than an uncle can.

Isabella : Why, so you ever said, and I believed it.

Hippolito : [*Aside.*] So simple is the goodness of her thoughts
They understand not yet th' unhallowed language
Of a near sinner ; I must yet be forced,
Though blushes be my venture, to come nearer.
[*To Isabella.*]
As a man loves his wife, so I love thee.

Isabella : What's that ?
Methought I heard ill news come toward me,
Which commonly we understand too soon,
Then over-quick at hearing. I'll prevent it,
Though my joys fare the harder, well fare it * !
It shall nev'r come so near mine ear again.
Farewell all friendly solaces and discourses,
I'll learn to live without ye, for your dangers
Are greater than your comforts. What's become
Of truth in love, if such we cannot trust,
When blood that should be love, is mixed with lust ?
Exit.

Hippolito : The worst can be but death, and let it come ;
He that lives joyless, ev'ry day 's his doom. *Exit.*

*. Well fare it : émendation J. R. Mulryne = farewell to it. Octavo : *welcome it.*

Hippolito : Entre toutes les créatures, vous seule ne devez
[jamais l'entendre :
Le Ciel ne permet pas que vous le sachiez.

Isabella : Moi seule, monsieur ? Ce mot fauche toutes mes
[joies.
Vous protestiez naguère que vous m'aimiez plus que personne,
Ce n'étaient que paroles.

Hippolito : Non, mon amour n'est que trop vrai
Et je crains que tu m'en blâmes. Sache donc le pire :
Je t'aime avec plus d'ardeur qu'il n'est permis à un oncle.

Isabella : Vous l'avez toujours dit et moi, je vous ai cru.

Hippolito : [*A part.*] Ses pensées sont si bonnes et si candides
Qu'elles ne comprennent pas les paroles impies
D'un homme trop proche et d'elle et du péché.
Je suis contraint, au péril de ma honte, d'être plus clair encore :
[*A Isabella.*]
L'amour d'un homme pour son épouse, tel est mon amour
[pour toi.

Isabella : Qu'est-ce là ? J'ai cru que s'approchaient ces nouvelles funestes
Que d'ordinaire l'oreille trop empressée saisit trop tôt.
Dût mon bonheur en souffrir, je veux les congédier.
Elles ne s'approcheront plus jamais de moi.
Adieu, consolations et discours amicaux,
J'apprendrai à vivre sans vous : vous portez avec vous
Plus de dangers que de réconforts. Où est maintenant
La vérité de l'amour, si l'on ne peut avoir foi en homme tel que
[lui...
Si le désir charnel se mêle au lien du sang ? *Elle sort.*

Hippolito : Le pire n'est jamais que la mort. Qu'elle vienne ;
Qui vit sans joie, vit en mort quotidienne. *Il sort.*

Act 1, scene 3

Enter Leantio alone.

Leantio : Methinks I'm ev'n as dull now at departure
As men observe great gallants the next day
After a revels : you shall see 'em look
Much of my fashion, if you mark 'em well.
'Tis ev'n a second hell to part from pleasure
When man has got a smack on 't. As many holidays
Coming together makes your poor heads idle
A great while after, and are said to stick
Fast in their fingers' ends, ev'n so does game
In a new-married couple ; for the time,
It spoils all thrift, and indeed lies a-bed
To invent all the new ways for great expenses.

Enter Bianca and Mother above.

See, and she be not got on purpose now
Into the window to look after me !
I have no power to go now and I should be hang'd.
Farewell all business, I desire no more
Than I see yonder. Let the goods at quay
Look to themselves ; why should I toil my youth out ?
It is but begging two or three year sooner,
And stay with her continually. Is 't a match ?
Oh fie, what a religion have I leap'd into !
Get out again, for shame ! The man loves best
When his care's most : that shows his zeal to love.
Fondness is but the idiot to affection,
That plays at hot-cockles with rich merchants' wives ;
Good to make sport withal when the chest's full,

Acte 1, Scène 3

Entre Léantio, seul.

Léantio : Sur le point de partir, je me sens aussi triste
Que ces galants qu'on peut voir au matin
Après une nuit de plaisirs ; regardez bien
Et vous leur trouverez même mine abattue.
C'est un second enfer de quitter le plaisir
Quand on y a goûté. Trop nombreux jours de fête
Venant l'un après l'autre, laissent la tête vide
Pour longtemps, et ne dit-on pas aussi
Qu'ils engourdissent les doigts ? Il en est de même
Pour les jeux des nouveaux mariés : tant que cela dure,
Ils ruinent toute épargne, et dans leur lit, inventent
Mille façons nouvelles de soulager vos bourses.

Bianca et la mère apparaissent à la fenêtre.

Voyez, ne vient-elle pas exprès à la fenêtre
Pour me voir m'en aller ? Je n'ai plus à présent
La force de partir ; j'aimerais mieux me pendre.
Adieu, toutes obligations, je ne désire rien
D'autre que cet objet-ci. Que les marchandises à quai
Se débrouillent seules. Pourquoi user ma jeunesse à besogner ?
Quitte à me trouver sur la paille deux ou trois ans plus tôt,
Je pourrais rester sans cesse avec elle. Est-ce dit ?
Fi donc ! Dans quelle hérésie suis-je tombé ?
Honte à moi ! Je dois en sortir ; l'amour d'un homme est plus grand
Quand, par sa diligence, il exprime le zèle qu'il met à aimer.
La passion n'est que le bouffon de l'amour,
Jeu de main chaude [7], bon pour le riche marchand
Qui a loisir de s'égayer avec sa femme
Lorsque son coffre est plein et l'entrepôt regorge.

And the long warehouse cracks. 'Tis time of day
For us to be more wise : 'tis early with us,
And if they lose the morning of their affairs,
They commonly lose the best part of the day.
Those that are wealthy and have got enough,
'Tis after sunset with 'em ; they may rest,
Grow fat with ease, banquet, and toy and play,
When such as I enter the heat o'th' day ;
And I'll do 't cheerfully.

Bianca : I perceive, sir,
Y' are not gone yet ; I have good hope you'll stay now.

Leantio : Farewell, I must not.

Bianca : Come, come ; pray, return.
Tomorrow, adding but a little care more,
Will dispatch all as well ; believe me, 'twill, sir.

Leantio : I could well wish myself where you would have [me ;
But love that's wanton must be ruled a while
By that that's careful, or all goes to ruin.
As fitting is a government in love
As in a kingdom : where 'tis all mere lust
'Tis like an insurrection in the people
That, raised in self-will, wars against all reason ;
But love that is respective for increase
Is like a good king, that keeps all in peace.
Once more, farewell.

Bianca : But this one night, I prithee.

Leantio : Alas, I'm in for twenty if I stay,
And then for forty more ; I have such luck to flesh,
I never bought a horse but he bore double.
If I stay any longer, I shall turn
An everlasting spendthrift. As you love
To be maintained well, do not call me again,
For then I shall not care which end goes forward.
Again, farewell to thee. *Exit.*

Bianca : Since it must, farewell too.

Il est l'heure pour nous d'être plus avisés : c'est le petit matin.
Et si l'on perd ce temps au matin des affaires,
On perd, d'ordinaire, la meilleure part du jour.
Ceux qui sont opulents, qui ont en suffisance,
Pour eux le soleil est couché. Ils peuvent se reposer,
Prendre grassement leurs aises, festoyer, badiner et jouer,
Tandis que mes pareils affrontent l'ardeur du jour.
Ce que je ferai de grand cœur.

Bianca : Je vois, monsieur,
Que vous êtes encore ici. J'ai bon espoir alors que vous allez [rester.

Léantio : Je ne peux pas, adieu.

Bianca : Allons, revenez, je vous prie ;
Il suffira demain d'un peu d'effort en plus
Pour expédier aussi bien vos affaires. Croyez-moi, c'est certain.

Léantio : Je serais bien tenté de rester là où vous le [souhaitez,
Mais l'amour folâtre doit pour un temps se soumettre
A l'amour prudent, sinon tout se délabre :
L'amour, comme un royaume, doit être gouverné ;
S'il n'est que libertinage, il est comme un peuple insurgé
Qui s'acharne à combattre contre toute raison.
Mais l'amour qui sait ménager l'intérêt
Est comme un bon prince qui préserve partout la paix.
Encore une fois, adieu.

Bianca : Cette nuit seulement, je t'en prie.

Léantio : Hélas, si je reste, je suis bon pour vingt nuits,
Puis pour cinquante encore. J'ai tant de chance, s'il s'agit de [chair,
Que la jument que j'achète porte toujours deux cavaliers [8].
Si je reste un instant de plus, je deviens
A jamais dissipateur prodigue. Si vous aimez
Un bon train de maison, ne me rappelez pas
Car alors, peu m'importera que tout aille à vau-l'eau.
Une fois encore, adieu.

Il sort.

Bianca : Adieu donc, puisqu'il le faut.

Mother : Fair daughter, y' are to blame : you take the course
To make him an ill husband, troth you do ;
And that disease is catching, I can tell you ;
Ay, and soon taken by a young man's blood,
And that with little urging. Nay, fie, see now,
What cause have you to weep ? Would I had no more,
That have lived threescore years ; there were a cause,
And 'twere well thought on. Trust me, y' are to blame :
His absence cannot last five days at utmost.
Why should those tears be fetched forth ? Cannot love
Be ev'n as well expressed in a good look,
But it must see her face still in a fountain ?
It shows like a country maid dressing her head
By a dish of water. Come, 'tis an old custom
To weep for love.

Enter two or three boys,
and a citizen or two, with an apprentice.

Boys : Now they come, now they come !

2 Boy : The duke !

3 Boy : The state !

Citizen : How near, boy ?

1 Boy : I'th' next street, sir, hard at hand.

Citizen : You, sirrah, get a standing for your mistress,
The best in all the City.

Apprentice : I have it for her, sir.
'Twas a thing I provided for her overnight ;
'Tis ready at her pleasure.

Citizen : Fetch her to 't then ; away, sir !

La Mère : Par ma foi, ma fille, vous êtes à blâmer : en
[agissant ainsi
Vous allez rendre votre mari malade, en vérité ;
Et ce mal est contagieux, je vous le dis :
Le sang d'un jeune homme est prompt à y succomber
Sans qu'on l'y pousse. Allons, allons, voyons,
Quelle raison de pleurer ? Je voudrais n'en pas avoir d'autre,
Moi qui ai vécu soixante années. Ce serait pourtant là
Raison bien fondée. Croyez-moi, vous avez tort :
Tout au plus, son absence ne dépassera pas cinq jours.
Pourquoi verser ces larmes ? L'amour ne peut-il pas
S'exprimer aussi bien par un visage avenant,
Sans qu'il faille contempler un reflet dans une fontaine ?
On dirait une paysanne, qui pour se coiffer, se mire
Dans une cuvette. Allons, il est bien démodé
De pleurer d'amour.

Entrent deux ou trois jeunes garçons, un ou deux bourgeois, accompagnés d'un apprenti.

Les Enfants : Les voilà ! Ils arrivent !

2e Enfant : Le Duc !

3e Enfant : Tous les grands !

Bourgeois : Où sont ils ?

1er Enfant : Tout près, au coin de la rue.

Bourgeois : Toi, coquin, tâche un peu d'honorer ta maîtresse :
Garde-lui la meilleure place.

Apprenti : J'ai ce qu'il faut pour elle :
Je m'y suis occupé pendant toute la nuit,
Elle peut en jouir à sa convenance [9].

Bourgeois : Alors, va la chercher !
Allez, va !

Bianca : What's the meaning of this hurry?
Can you tell, mother?

Mother : What a memory
Have I! I see by that years come upon me.
Why, 'tis a yearly custom and solemnity,
Religiously observed by th' duke and state,
To St Mark's temple, the fifteenth of April.
See if my dull brains had not quite forgot it!
'Twas happily questioned of thee; I had gone down else,
Sat like a drone below, and never thought on 't.
I would not to be ten years younger again
That you had lost the sight. Now you shall see
Our duke, a goodly gentleman of his years.

Bianca : Is he old, then?

Mother : About some fifty-five.

Bianca : That's no great age in man : he's then at best
For wisdom and for judgment.

Mother : The lord cardinal,
His noble brother, there's a comely gentleman,
And greater in devotion than in blood.

Bianca : He's worthy to be marked.

Mother : You shall behold
All our chief states of Florence; you came fortunately
Against this solemn day.

Bianca : I hope so always. *Music.*

Mother : I hear 'em near us now. Do you stand easily?

Bianca : Exceeding well, good mother.

Mother : Take this stool.

Bianca : I need it not, I thank you.

Mother : Use your will, then.

Bianca : Que signifie toute cette agitation ?
Pouvez-vous me le dire, ma mère ?

La Mère : Oh, ma pauvre mémoire !
Je vois bien par là que je me fais vieille.
C'est une procession solennelle qui, chaque année,
Religieusement, le quinze avril, conduit
Le Duc et les grands au sanctuaire de Saint-Marc.
Et ma pauvre cervelle l'avait oublié ! Il est heureux
Que vous m'ayez posé la question : je serais descendue
M'asseoir en bas, comme une nigaude, sans y penser.
Je n'aurais pas voulu, même pour rajeunir de vingt ans,
Que vous manquiez ce spectacle. Vous verrez notre Duc :
Un gentilhomme de belle prestance pour son âge.

Bianca : Il est donc âgé ?

La Mère : Dans les cinquante-cinq ans [10].

Bianca : Ce n'est pas vieux pour un homme : il est alors
Au mieux de sa sagesse et de son jugement.

La Mère : Le Lord Cardinal,
Son noble frère, voilà un vrai seigneur,
Plus grand encore par sa piété que par sa naissance !

Bianca : Cela est digne d'admiration.

La Mère : Vous allez contempler
Tous nos grands dignitaires de Florence ; il est heureux
Que vous soyez ici pour ce jour solennel.

Bianca : Pour tous les jours, j'espère.
Musique.

La Mère : Je les entends tout près ; êtes-vous à votre aise ?

Bianca : Extrêmement bien, ma mère.

La Mère : Prenez ce tabouret.

Bianca : Merci, c'est inutile.

La Mère : Et bien, comme vous voudrez !

Enter in great solemnity six knights bareheaded, then two cardinals, and then the lord cardinal, then the duke ; after him the states of Florence by two and two, with variety of music and song. Exit [procession followed by citizens, apprentices and boys].

Mother : How like you, daughter ?

Bianca : 'Tis a noble state.
Methinks my soul could dwell upon the reverence
Of such a solemn and most worthy custom.
Did not the duke look up ? Methought he saw us.

Mother : That's ev'ryone's conceit that sees a duke :
If he look steadfastly, he looks straight at them ;
When he perhaps, good careful gentleman,
Never minds any ; but the look he casts
Is at his own intentions, and his object
Only the public good.

Bianca : Most likely so.

Mother : Come, come, we'll end this argument below.
[*Exeunt.*]

Act II, Scene 1

Enter Hippolito, and lady Livia, the widow.

Livia : A strange affection, brother, when I think on 't !
I wonder how thou cam'st by 't.

Hippolito : Ev'n as easily
As man comes by destruction, which oft-times
He wears in his own bosom.

Entrent en cortège solennel, six chevaliers nu-tête, suivis de deux cardinaux, du Lord Cardinal, puis du Duc ; viennent ensuite les Grands de Florence deux par deux, accompagnés par des musiques diverses et des chansons. Ils sortent [suivis par les bourgeois, les apprentis et les enfants].

La Mère : Cela vous plaît-il, ma fille ?

Bianca : Quelle majesté !
Mon âme ne se lasserait pas du spectacle
D'une coutume aussi noble et solennelle.
Le Duc n'a-t-il pas levé les yeux ? Je crois qu'il nous a vues.

La Mère : C'est l'idée que se font tous ceux qui voient un [duc :
S'il regarde droit devant lui, c'est eux qu'il regarde ;
Quand peut-être, tout aux soins de sa charge,
Le pauvre ne voit personne ; son regard fixe
Ses propres desseins, et son unique objet
Est le seul bien public.

Bianca : Cela est fort probable.

La Mère : Allons, nous poursuivrons cette conversation en [bas.
[*Elles sortent.*]

Acte II, Scène 1

Entrent Hippolito et Lady Livia, la veuve.

Livia : Quelle étrange affection, mon frère ! Plus j'y songe,
Plus je me demande comment tu en as été frappé.

Hippolito : Aussi aisément
Qu'on rencontre la mort, que nous portons souvent
Dans notre propre cœur.

Livia : Is the world
So populous in women, and creation
So prodigal in beauty and so various,
Yet does love turn thy point to thine own blood ?
'Tis somewhat too unkindly. Must thy eye
Dwell evilly on the fairness of thy kin'red,
And seek not where it should ? It is confined
Now in a narrower prison than was made for 't :
It is allowed a stranger ; and where bounty
Is made the great man's honour, 'tis ill husbandry
To spare, and servants shall have small thanks for 't.
So he Heaven's bounty seems to scorn and mock,
That spares free means, and spends of his own stock.

Hippolito : Never was man's misery so soon summed up *,
Counting how truly.

Livia : Nay, I love you so,
That I shall venture much to keep a change from you
So fearful as this grief will bring upon you.
Faith, it even kills me when I see you faint
Under a reprehension ; and I'll leave it,
Though I know nothing can be better for you.
Prithee, sweet brother, let not passion waste
The goodness of thy time, and of thy fortune ;
Thou keep'st the treasure of that life I love
As dearly as mine own ; and if you think
My former words too bitter, which were ministered
By truth and zeal, 'tis but a hazarding
Of grace and virtue, and I can bring forth
As pleasant fruits as sensuality wishes
In all her teeming longings. This I can do.

Hippolito : Oh, nothing that can make my wishes perfect !

Livia : I would that love of yours were pawned to 't, brother,
And as soon lost that way as I could win.
Sir, I could give as shrewd a lift to chastity,

---

*. Summed up : émendation Dyce. Octavo : *sow'd up*. J. L. Frost : sew'd up.

Livia : Le monde est-il donc
Si plein de femmes, la création à tel point prodigue
En beautés si diverses, et l'amour peut-il pourtant
Orienter ton compas vers ton propre sang ?
Ceci est contre nature. Faut-il que ton œil
Vicieusement s'attache à la beauté de ta race,
Au lieu de poursuivre un objet légitime ? La prison étroite
Où il se confine ne lui fut jamais destinée...
Il est libre de regarder les étrangères ; et la munificence
Étant l'honneur des grands, c'est le mauvais régisseur
Qui lésine : il n'aura pas les faveurs de son maître.
De même, qui lésine devant l'abondance et puise dans son [patrimoine
Bafoue et détourne la munificence divine.

Hippolito : Jamais homme ne vit la somme de ses malheurs
Si promptement et justement dressée.

Livia : Je vous aime tant
Que je hasarderais beaucoup pour détourner de vous
Les terribles vicissitudes auxquelles vous exposeront vos [chagrins.
Sur ma foi, c'est douleur mortelle de vous voir accablé
Par mes remontrances, et je m'arrête là ; pourtant
Je ne vois rien qui pût vous être plus bénéfique.
Je t'en prie, mon doux frère, ne laisse pas la passion
Consumer la fleur de ton âge et de ta fortune.
Tu es le gardien du trésor d'une vie
Qui m'est aussi chère que la mienne ; et si tu trouves
Trop amères, ces paroles qu'administraient
Le zèle et la droiture, je peux, au péril
De la grâce et de la vertu, te faire récolter
Tous les fruits succulents que réclament les sens
Dans le foisonnement de leurs désirs. Je le peux.

Hippolito : Oh, rien qui puisse répondre à mes vœux !

Livia. : Je voudrais votre amour mis en gage contre mon [succès,
Et ainsi vous le faire perdre aussitôt que je l'emporterais.
Je pourrais rompre en visière avec la chasteté aussi lestement

As any she that wears a tongue in Florence.
Sh'ad need be a good horsewoman and sit fast
Whom my strong argument could not fling at last.
Prithee, take courage, man ; though I should counsel
Another to despair, yet I am pitiful
To thy afflictions, and will venture hard —
I will not name for what, 'tis not handsome ;
Find you the proof and praise me.

Hippolito : Then I fear me,
I shall not praise you in haste.

Livia : This is the comfort :
You are not the first, brother, has attempted
Things more forbidden than this seems to be.
I'll minister all cordials now to you,
Because I 'd cheer you up, sir.

Hippolito : I am past hope.

Livia : Love, thou shalt see me do a strange cure then,
As e'er was wrought on a disease so mortal
And near akin to shame. When shall you see her ?

Hippolito : Never in comfort more.

Livia : Y' are so impatient too !

Hippolito : Will you believe ? 'Death, sh'as forsworn my [company,
And sealed it with a blush.

Livia : So, I perceive
All lies upon my hands, then ; well, the more glory
When the work's finished.

Que toute Florentine qui a une langue pour parler ;
Il faudrait qu'elle fût dextre cavalière, bien ferme sur sa [monture,
Celle qui ne se laisserait pas démonter par la force de mes [arguments.
Je t'en prie, brave homme, reprends courage. A tout autre
Mon devoir conseillerait de désespérer, mais j'ai pitié
De ton affliction, et je risquerai tout pour...
Je ne dirai pas quoi : cela n'est pas séant.
Attendez-en l'issue, et alors, bénissez-moi.

Hippolito : Je ne risque guère,
Je le crains, d'avoir à vous bénir bientôt.

Livia : Consolez-vous, mon frère,
Vous n'êtes pas le premier à tenter entreprise
Plus défendue encore que celle-ci semble l'être.
Je vous administrerai toutes les potions cordiales
Parce que je veux à présent vous rendre courage.

Hippolito : Je n'ai plus d'espoir.

Livia : L'amour me verra donc accomplir guérison plus [étrange,
Que cure jamais appliquée à mal aussi mortel
Et si proche parent de la honte. Quand devez-vous la voir ?

Hippolito : Plus jamais dans le contentement.

Livia : Vous êtes si impatient !

Hippolito : Le croirez-vous ? Mordieu ! Elle a juré de me [fuir,
Et scellé ce serment du rouge de la honte.

Livia : Je vois donc
Que tout repose sur moi : j'en aurai plus de gloire
Mon ouvrage achevé.

Enter servant.

How now, sir, the news?

Servant : Madam, your niece, the virtuous Isabella,
Is 'lighted now to see you.

Livia : [*To Hippolito.*] That's great fortune,
Sir, your stars bless. [*To servant.*] You, simple, lead her in!

[*Exit servant.*]

Hippolito : What's this to me?

Livia : Your absence, gentle brother;
I must bestir my wits for you.

Hippolito : Ay, to great purpose.

[*Exit.*]

Livia : Beshrew you, would I loved you not so well.
I'll go to bed and leave this deed undone.
I am the fondest where I once affect,
The carefull'st of their healths and of their ease, forsooth,
That I look still but slenderly to my own;
I take a course to pity him so much now
That I have none left for modesty and myself;
This 'tis to grow so liberal. Y 'have few sisters
That love their brothers' ease 'bove their own honesties;
But if you question my affections,
That will be found my fault.

Enter Isabella, the Niece.

Niece, your love's welcome.
Alas, what draws that paleness to thy cheeks?

Entre un domestique

Eh bien, monsieur, qu'y a-t-il ?

Domestique : Madame, votre nièce, la vertueuse Isabelle
Est ici pour vous voir.

Livia : [*A Hippolito.*] La fortune est bienveillante
Vos étoiles vous sourient ; [*au domestique*] Toi, balourd, fais entrer !

[*Le domestique sort.*]

Hippolito : Que dois-je faire ?

Livia : Laissez-nous, mon doux frère, je dois
Employer mon esprit à servir votre cause.

Hippolito : A grand profit, c'est sûr. [*Il sort.*]

Livia : Que le diable vous emporte, j'ai trop d'amour pour [vous.
Je vais aller au lit et laisser là cette affaire.
Mon dévouement est excessif pour ceux que j'aime.
J'ai tel soin de leur santé, de leur bon plaisir, même,
Que je ne me soucie guère de ma personne.
Je mets tant de pitié à servir sa cause, qu'il ne m'en reste plus
Pour ce que je dois à moi-même et à la retenue.
Excès de libéralité ! Peu de sœurs placent ainsi
Le contentement de leur frère au-dessus de leur honnêteté.
Mais si l'on examine mon cœur, c'est là
Qu'on trouvera ma faute.

[*Entre Isabella, la nièce.*]

Ma nièce, votre présence affectionnée est la bienvenue.
Hélas, pourquoi cette pâleur sur tes joues ?

This enforced marriage towards?

Isabella : It helps, good aunt,
Amongst some other griefs; but those I'll keep
Locked up in modest silence, for they're sorrows
Would shame the tongue more than they grieve the thought.

Livia : Indeed, the ward is simple.

Isabella : Simple! That were well:
Why, one could make good shift with such a husband.
But he's a fool entailed, he halts downright in 't.

Livia : And knowing this, I hope 'tis at your choice
To take or refuse, niece.

Isabella : You see it is not.
I loathe him more than beauty can hate death,
Or age, her spiteful neighbour.

Livia : Let 't appear, then.

Isabella : How can I, being born with that obedience
That must submit unto a father's will?
If he command, I must of force consent.

Livia : Alas, poor soul! Be not offended, prithee,
If I set by the name of niece awhile,
And bring in pity in a stranger fashion.
It lies here in this breast would cross this match.

Isabella : How, cross it, aunt?

Livia : Ay, and give thee more liberty
Than thou hast reason yet to apprehend.

Isabella : Sweet aunt, in goodness keep not hid from me
What may befriend my life.

Livia : Yes, yes, I must;
When I return to reputation,
And think upon the solemn vow I made
To your dead mother, my most loving sister —
As long as I have her memory 'twixt mine eyelids,
Look for no pity now.

Est-ce l'approche
De ce mariage forcé ?

Isabella : Pour une bonne part, ma tante
Avec d'autres tourments que ma pudeur doit confiner
Dans le silence, car ces afflictions-là font encore
Plus affront à la langue qu'elles ne blessent la pensée.

Livia : Le pupille, il est vrai, est simple d'esprit.

Isabella : Simple ! Ce serait bien :
On peut fort aisément s'accommoder d'un mari simple.
Mais c'est un idiot fieffé qui ne sera jamais rien d'autre.

Livia : Sachant cela, j'espère qu'on vous laisse le choix
De prendre ou refuser.

Isabella : Vous voyez qu'il n'en est rien.
J'ai plus d'horreur pour lui que la beauté n'en a pour la mort,
Ou pour la vieillesse, son envieuse voisine.

Livia : Sachez donc le montrer.

Isabella : Comment le puis-je ? Pétrie de cette obéissance
Qui force à se soumettre à la volonté d'un père ?
S'il ordonne, il me faut consentir.

Livia : Hélas, pauvre enfant, ne va pas t'offusquer
Si j'oublie un moment que tu es ma nièce
Et laisse, au mépris des devoirs de famille,
Parler ma pitié qui voudrait contrarier ce mariage.

Isabella : Le contrarier ?

Livia : Oui, et t'offrir plus de liberté
Que tu as jusqu'ici eu raison d'espérer.

Isabella : Ma douce tante, par charité, ne me cachez pas
Ce qui peut m'être secourable !

Livia : Si pourtant, je le dois.
Je n'oublie pas les soins qu'impose la réputation,
Ni le serment solennel que je fis
A feu ta mère, ma sœur bien aimée...
Tant que sa mémoire sera présente à mes yeux,
N'attends aucune pitié.

Isabella : Kind, sweet, dear aunt —

Livia : No, 'twas a secret I have took special care of,
Delivered by your mother on her death-bed ;
That's nine years now, and I'll not part from 't yet,
Though nev'r was fitter time nor greater cause for 't.

Isabella : As you desire the praises of a virgin —

Livia : Good sorrow ! I would do thee any kindness
Not wronging secrecy or reputation.

Isabella : Neither of which, as I have hope of fruitfulness,
Shall receive wrong from me.

Livia : Nay, 'twould be your own wrong
As much as any's, should it come to that once.

Isabella : I need no better means to work persuasion then.

Livia : Let it suffice, you may refuse this fool,
Or you may take him, as you see occasion
For your advantage ; the best wits will do 't.
Y' have liberty enough in your own will,
You cannot be enforced ; there grows the flower,
If you could pick it out, makes whole life sweet to you.
That which you call your father's command's nothing ;
Then your obedience must needs be as little.
If you can make shift here to taste your happiness,
Or pick out aught that likes you, much good do you.
You see your cheer, I'll make you no set dinner.

Isabella : And trust me, I may starve, for all the good
I can find yet in this. Sweet aunt, deal plainlier.

Livia : Say I should trust you now upon an oath,
And give you in a secret that would start you,
How am I sure of you, in faith and silence ?

Isabella : Equal assurance may I find in mercy,
As you for that in me.

Isabella : Ma bonne, ma douce, ma très chère tante...

Livia : Non, j'ai toujours eu grand soin de ce secret
Que me confia ta mère sur son lit de mort,
Il y a neuf ans, et ne veux pas m'en séparer,
Bien que les circonstances m'y pressent et le motif soit grand.

Isabella : Par les louanges que vous pouvez attendre d'une [vierge...

Livia : Pauvre enfant ! Je voudrais te témoigner toutes les [bontés
Qu'il se peut sans faillir à la discrétion ou à la réputation.

Isabella : Par l'espoir que j'ai d'être féconde, je ne ferai [injure
Ni à l'une, ni à l'autre.

Livia : Ce serait faire injure à vous-même
Autant qu'à quiconque, si jamais vous en arriviez là.

Isabella : Nul argument ne saurait mieux me persuader.

Livia : Il suffit : vous pouvez refuser ce benêt,
Ou le prendre, selon que vous y verrez avantage.
C'est ainsi qu'agissent les esprits les plus fins.
Dans votre franc arbitre est votre liberté ;
Nul ne peut vous contraindre : là pousse une fleur qui,
Si vous saviez la cueillir, parfumerait toute votre vie.
Ce que vous appelez l'autorité d'un père n'est rien ;
Votre obéissance n'a nul besoin d'être plus grande.
Si vous trouvez un expédient pour goûter votre bonheur,
Ou cueillir la fleur qui vous plaît, sachez en profiter.
Le buffet est dressé, ce n'est pas à moi de vous servir.

Isabella : Je pourrais bien jeûner, si maigre est la pitance
Que j'y vois, croyez-moi. Expliquez-vous, ma tante.

Livia : A supposer que sous serment, je vous confie
Un secret qui vous étonne, quelle assurance
Aurais-je de votre silence et de votre fidélité ?

Isabella : Puisse la miséricorde me donner même assurance
Que je vous donne ici en cela.

Livia : It shall suffice.
Then know, however custom has made good,
For reputation's sake, the names of niece
And aunt 'twixt you and I, w' are nothing less.

Isabella : How's that ?

Livia : I told you I should start your blood.
You are no more allied to any of us,
Save what the courtesy of opinion casts
Upon your mother's memory and your name,
Than the mer'st stranger is, or one begot
At Naples when the father lies at Rome :
There's so much odds betwixt us. Since your knowledge
Wished more instruction, and I have your oath
In pledge for silence, it makes me talk the freelier.
Did never the report of that famed Spaniard,
Marquis of Coria, since your time was ripe
For understanding, fill your ear with wonder ?

Isabella : Yes, what of him ? I have heard his deeds of [honour
Often related when we lived in Naples.

Livia : You heard the praises of your father then.

Isabella : My father !

Livia : That was he ; but all the business
So carefully and so discreetly carried
That fame received no spot by 't, not a blemish.
Your mother was so wary to her end,
None knew it but her conscience, and her friend,
Till penitent confession made it mine,
And now my pity, yours ; it had been long else,
And I hope care and love alike in you,
Made good by oath, will see it take no wrong now.
How weak his commands now, whom you call father !
How vain all his enforcements, your obedience !
And what a largeness in your will and liberty

Livia : Cela suffira.
Sachez donc, bien que l'usage, par égard
Pour la bonne réputation, atteste les noms de nièce
Et de tante que nous nous donnons, ce lien n'existe pas.

Isabella : Est-ce possible ?

Livia : J'ai dit que j'allais enflammer vos esprits :
La courtoisie de l'opinion ménage la mémoire de votre mère
Et l'honneur de votre nom ; mais vous n'avez pas plus de lien
Avec aucun de nous qu'une simple étrangère, ou qu'une enfant
Conçue à Naples pendant que le mari dort dans son lit à [Rome :
Voilà la distance entre nous. Puisque vous désirez
En savoir plus, et que votre serment vous engage
Au silence, je vous parle en toute liberté :
Depuis que vous êtes en âge de comprendre,
Le récit des exploits du célèbre Espagnol,
Le Marquis de Coria, ne vous a-t-il jamais frappée d'étonnement ?

Isabella : Si fait, pourquoi ? J'ai souvent entendu rapporter
Ses hauts faits d'honneur, quand nous vivions à Naples.

Livia : Vous entendiez alors l'éloge de votre père.

Isabella : Mon père !

Livia : C'était bien lui. Mais l'affaire fut menée
Avec tant de prudence et de circonspection,
Que rien ne vint entacher la bonne renommée :
Votre mère, jusqu'à sa fin, se montra si discrète
Que nul n'en sut rien, si ce n'est sa conscience et son doux ami,
Jusqu'à ce que le repentir la fît se confesser à moi
Et que ma pitié vous en fît part. Sinon, bien du temps eût [passé...
J'espère qu'en vous, même prudence et même amour,
Liés par votre serment, veilleront sur cette renommée.
Combien chétifs alors, les ordres de celui que vous appelez [père !
Vaines ses injonctions et votre obéissance !
Quel champ ouvert à la liberté de vos désirs,

To take or to reject, or to do both,
For fools will serve to father wise men's children.
All this y' have time to think on. O my wench,
Nothing o'erthrows our sex but indiscretion!
We might do well else of a brittle people
As any under the great canopy.
I pray forget not but to call me aunt still;
Take heed of that, it may be marked in time else.
But keep your thoughts to yourself, from all the world,
Kin'red or dearest friend, nay, I entreat you,
From him that all this while you have called uncle;
And though you love him dearly, as I know
His deserts claim as much ev'n from a stranger,
Yet let not him know this, I prithee do not;
As ever thou hast hope of second pity
If thou shouldst stand in need on 't, do not do 't.

Isabella : Believe my oath, I will not.

Livia : Why, well said. [*Aside.*]
Who shows more craft t' undo a maidenhead,
I'll resign my part to her.

Enter Hippolito.

[*To Hippolito.*] She's thine own, go. [*Exit.*]

Hippolito : [*Aside.*] Alas, fair flattery cannot cure my [sorrows!

Isabella : [*Aside.*] Have I passed so much time in ignorance,
And never had the means to know myself
Till this blessed hour? Thanks to her virtuous pity
That brought it now to light! Would I had known it
But one day sooner! He had then received
In favours what, poor gentleman, he took
In bitter words : a slight and harsh reward
For one of his deserts.

Hippolito : [*Aside.*] There seems to me now
More anger and distraction in her looks.

A la licence de prendre, de rejeter, ou de faire l'un et l'autre !
Car les sots sont faits pour servir de pères aux enfants
Des hommes avisés. Pensez-y à loisir. Oh, ma fille,
L'imprudence seule est la perte de notre sexe :
Sans elle, frêles comme nous sommes, nous nous en sortirions
Aussi bien que toute créature sous le grand dais du ciel.
Je t'en prie, prends bien garde de toujours m'appeler « ma [tante »,
Sinon cela finirait par se remarquer.
Mais garde tes pensées pour toi : ne les confie
Ni à parent, ni à ami intime, ni même, je t'en conjure,
A celui que tout ce temps tu appelais ton oncle :
Bien qu'il te soit très cher, et je sais que ses vertus
Méritent un tel amour, même d'une étrangère,
Fais qu'il n'en sache rien, je t'en prie. Si tu veux
Ma pitié une seconde fois, ne lui dis rien.

Isabella : Croyez-en mon serment, je saurai me taire.

Livia : Très bien, donc. [*A part.*]
S'il est femme plus habile à ruiner virginité,
Je lui cède mon rôle.

Entre Hippolito.

[*A Hippolito.*] Elle est à toi, va ! [*Elle sort.*]

Hippolito : [*A part.*] Hélas, ces douces flatteries ne peuvent [guérir ma peine.

Isabella : [*A part.*] Ai-je donc si longtemps vécu dans [l'ignorance
Sans être autorisée à savoir qui je suis
Avant cette heure bénie ? Grâce soit rendue à sa vertueuse pitié
Qui maintenant m'éclaire. Que n'ai-je su cela
Un jour plus tôt ? Le pauvre gentilhomme
Aurait alors reçu autant de bontés
Qu'il a reçu d'amères paroles, maigre et dure récompense
Pour de si grands mérites !

Hippolito : [*A part.*] Je crois voir sur sa mine
Encore plus de colère et d'emportement.

I'm gone. I'll not endure a second storm;
The memory of the first is not past yet.

Isabella : [*Aside.*] Are you returned, you comforts of my life,
In this man's presence? I will keep you fast now,
And sooner part eternally from the world
Than my good joys in you. [*To Hippolito.*] Prithee, forgive me.
I did but chide in jest; the best loves use it
Sometimes, it sets an edge upon affection.
When we invite our best friends to a feast
'Tis not all sweetmeats that we set before them;
There's somewhat sharp and salt, both to whet appetite,
And make 'em taste their wine well : so, methinks,
After a friendly, sharp and savoury chiding,
A kiss tastes wondrous well and full o'th' grape.
[*Kisses him.*]
How think'st thou? does 't not?

Hippolito : 'Tis so excellent,
I know not how to praise it, what to say to 't!

Isabella : This marriage shall go forward.

Hippolito : With the ward!
Are you in earnest?

Isabella : 'Twould be ill for us else.

Hippolito : [*Aside.*] For us? How means she that?

Isabella : [*Aside.*] Troth, I begin
To be so well, methinks, within this hour!
For all this match able to kill one's heart,
Nothing can pull me down now; should my father
Provide a worse fool now, which I should think
Were a hard thing to compass, I 'd have him either :
The worse the better; none can come amiss
If he want wit enough. So discretion love me,
Desert and judgment, I have content sufficient.
[*To Hippolito.*]
She that comes once to be a housekeeper

Je pars, je n'essuierai pas une seconde tempête :
Le souvenir de la première est encore trop vif.

Isabella : [*A part.*] M'êtes-vous revenus, réconforts de ma
[vie,
Avec la présence de cet homme ? Je vous retiendrai désormais
Et quitterai à jamais ce monde, plutôt que de me séparer
De la joie que vous apportez.
[*A Hippolito.*] Pardonne-moi, je t'en prie,
Je n'ai querellé que par jeu. Ainsi parfois
Les amours les plus grands aiguisent l'affection.
Quand on convie de bons amis à un festin,
On ne leur sert pas seulement des douceurs,
Il faut aussi du salé et du piquant pour aiguillonner l'appétit
Et donner au vin sa saveur. De même, il me semble
Qu'après une querelle amicale, piquante et relevée,
Un baiser est exquis et son bouquet fruité.
[*Elle lui donne un baiser.*]
N'est-il pas vrai, qu'en dis-tu ?

Hippolito : Ce baiser est si doux :
Je ne sais comment le louer, les mots me manquent...

Isabella : Ce mariage se fera.

Hippolito : Quoi, avec le pupille ?
Vraiment ?

Isabella : Sans cela, il en irait mal pour nous.

Hippolito : [*A part.*] Pour nous ? que veut-elle dire ?

Isabella : [*A part.*] Sincèrement,
Depuis une heure, je commence à me sentir si bien,
Malgré le crève-cœur de ce mariage,
Que rien ne peut plus me décourager. Si mon père
M'offrait un mari plus benêt encore, ce qui, je pense,
Serait bien difficile, je l'accepterais aussi bien :
Le pire sera le meilleur : rien ne peut mal aller
Pourvu qu'il soit assez idiot. Si j'ai l'amour
D'un homme de mérite, prudent et sagace, je saurai être
[heureuse.
[*A Hippolito.*]
Une femme qui commence à tenir ménage

Must not look every day to fare well, sir,
Like a young waiting-gentlewoman in service :
For she feeds commonly as her lady does,
No good bit passes her but she gets a taste on 't.
But when she comes to keep house for herself,
She's glad of some choice cates then once a week,
Or twice at most, and glad if she can get 'em :
So must affection learn to fare with thankfulness.
Pray make your love no stranger, sir, that's all.

[*Aside.*]

Though you be one yourself, and know not on 't,
And I have sworn you must not.

Exit.

Hippolito : This is beyond me !
Never came joys so unexpectedly
To meet desires in man. How came she thus ?
What has she done to her, can any tell ?
'Tis beyond sorcery this, drugs, or love-powders ;
Some art that has no name, sure, strange to me
Of all the wonders I e'er met withal
Throughout my ten years' travels. But I'm thankful for 't.
This marriage now must of necessity forward :
It is the only veil wit can devise
To keep our acts hid from sin-piercing eyes.

Exit.

Act II, Scene 2

Enter Guardiano and Livia.

Livia : How sir, a gentlewoman so young, so fair
As you set forth, spied from the widow's window ?

Guardiano : She !

Livia : Our Sunday-dinner woman ?

Ne doit pas compter faire bonne chère tous les jours
Comme la jeune fille en service dans une grande maison
Qui très souvent mange aussi bien que sa maîtresse :
Si un met délicat est servi, elle y goûte.
Mais lorsqu'elle gouverne sa propre maison,
Elle est bien heureuse de quelque friandise, une fois la semaine,
Deux fois au plus, et même de ne pas s'en passer tout à fait.
La passion, elle aussi, doit savoir gré de sa provende.
Il suffit que votre amour reste proche de moi.

[*A part.*]

Pourtant, sans le savoir, vous n'êtes pas un proche,
Mais j'ai juré que vous ne l'apprendriez pas.

Elle sort.

Hippolito : Je suis confondu !
Jamais homme ne vit joies aussi inespérées
Rencontrer ses désirs. Pourquoi ce changement ?
Que lui a-t-elle donc fait ? Cela dépasse le pouvoir
De la magie, des charmes et des philtres d'amour :
Un art qui n'a pas de nom, c'est sûr, plus étrange
Que toutes les merveilles que j'ai rencontrées
En dix ans de voyages ; mais je lui en sais gré.
Ce mariage doit donc se faire : il le faut.
C'est le seul voile qui se puisse tendre
Pour masquer nos péchés aux regards inquisiteurs.

Il sort.

Acte II, Scène 2

Entrent Guardiano et Livia.

Livia : Comment, monsieur, on aurait donc vu une dame,
Jeune et belle, à la fenêtre de la veuve ?

Guardiano : Oui, de la veuve !

Livia : Cette femme qui vient dîner ici le dimanche ?

Guardiano : And Thursday-supper woman, the same still.
I know not how she came by her, but I'll swear
She's the prime gallant for a face in Florence;
And no doubt other parts follow their leader.
The duke himself first spied her at the window;
Then in a rapture, as if admiration
Were poor when it were single, beckoned me,
And pointed to the wonder warily,
As one that feared she would draw in her splendour
Too soon, if too much gazed at. I ne'er knew him
So infinitely taken with a woman :
Nor can I blame his appetite, or tax
His raptures of slight folly : she's a creature
Able to draw a state from serious business,
And make it their best piece to do her service.
What course shall we devise? H'as spoken twice now.

Livia : Twice?

Guardiano : 'Tis beyond your apprehension
How strangely that one look has catch'd his heart!
'Twould prove but too much worth in wealth and favour
To those should work his peace.

Livia : And if I do 't not,
Or at least come as near it, if your art
Will take a little pain and second me,
As any wench in Florence of my standing,
I'll quite give o'er, and shut up shop in cunning.

Guardiano : 'Tis for the duke; and if I fail your purpose,
All means to come, by riches or advancement,
Miss me and skip me over!

Livia : Let the old woman then
Be sent for with all speed, then I'll begin.

Guardiano : A good conclusion follow, and a sweet one,
After this stale beginning with old ware.
Within there! *Enter servant.*

Servant : Sir, do you call?

Guardiano : Come near, list hither.
[*Speaks to him aside.*]

Guardiano : Et souper le jeudi. Elle-même. Je ne sais pas
Comment la dame se trouve là, mais je jure
Qu'il n'est plus beau visage parmi les beautés de Florence ;
Nul doute que toute sa personne est à l'avenant.
Le duc, le premier, l'aperçut à la fenêtre :
Transporté, comme si son ravissement,
Souffrait de n'être pas partagé, il me fit signe
Et me montra ce prodige, avec la discrétion
De qui craindrait la voir trop tôt dissimuler
Son éclat à des yeux trop avides. Je ne l'ai jamais vu
Si absolument captivé par une femme,
Et je ne peux tenir ses transports pour folie puérile :
Cette créature pourrait détourner de ses devoirs
Le prince qui mettrait son orgueil à la servir.
Quel parti prendre ? Il m'en a reparlé deux fois.

Livia : Deux fois ?

Guardiano : Vous ne pouvez imaginer l'empire
Étrange qu'un seul regard a pris sur son cœur ;
Quel tribut en argent et en faveur serait
Le lot de qui saurait apaiser sa fièvre !

Livia : Si j'échoue,
Ou du moins, pour peu que vous consentiez à m'aider
De vos efforts et de vos talents, si je n'ai pas tout le succès
Que peut espérer habile Florentine de mon rang,
Je renonce à jamais à faire commerce d'astuce.

Guardiano : C'est pour servir le duc : si je vous fais défaut,
Que le chemin de la richesse et des honneurs
Se ferme à jamais devant moi.

Livia : Qu'en toute hâte
L'on fasse venir cette vieille femme, et je me mets à l'ouvrage.

Guardiano : Puisse heureux et suave coda faire suite
A cet archaïque prélude pour instrument ancien !
Holà, la maison ! *Entre un domestique.*

Domestique : Vous avez appelé, monsieur ?

Guardiano : Approche, écoute !
[*Il lui parle en aparté.*]

Livia : I long myself to see this absolute creature
That wins the heart of love and praise so much.

Guardiano : Go, sir, make haste.

Livia : Say I entreat her company;
Do you hear, sir?

Servant : Yes, madam. *Exit.*

Livia : That brings her quickly.

Guardiano : I would 'twere done; the duke waits the good [hour,
And I wait the good fortune that may spring from 't.
I have had a lucky hand these fifteen year
At such court-passage with three dice in a dish.

Enter Fabritio.

Signior Fabritio!

Fabritio : Oh, sir, I bring an alteration in my mouth now.

Guardiano : An alteration! [*Aside.*] No wise speech, I hope!
He means not to talk wisely, does he, trow? [*To him.*]
Good! What's the change, I pray, sir?

Fabritio : A new change.

Guardiano : [*Aside.*] Another yet? Faith, there's enough [already.

Fabritio : My daughter loves him now.

Guardiano : What does she, sir?

Fabritio : Affects him beyond thought, who but the ward, [forsooth!
No talk but of the ward; she would have him

Livia : Il me tarde de voir cette créature de perfection
Qui attire si bien et l'amour et l'éloge.

Guardiano : Allons, hâtez-vous !

Livia : Dites que je l'en prie instamment ;
M'entendez-vous ?

Domestique : Bien, madame. *Il sort.*

Livia : Cela la fait venir sur le champ.

Guardiano : Je voudrais que cela soit fait : le duc attend [l'heureux moment,
Et moi j'attends la bonne fortune qui en résultera peut-être.
Depuis quelques quinze ans, j'ai beaucoup de chance
A ce trictrac de cour qui se joue à trois dés [11].

Entre Fabritio.

Signior Fabritio !

Fabritio : Oh monsieur, j'apporte du nouveau sur le bout de [ma langue.

Guardiano : Du nouveau [12] ! [*A part.*] Pas un discours sensé, [tout de même !
Il ne va pas se mettre à tenir des propos raisonnables ?
[*A Fabritio.*]
Très bien, qu'y a-t-il de nouveau ?

Fabritio : Un nouveau changement.

Guardiano : [*A part.*] Encore un ! Un seul aurait suffi !

Fabritio : Ma fille l'aime à présent.

Guardiano : Que fait-elle, dites-vous ?

Fabritio : Elle est étonnamment éprise, et de qui, sinon du [pupille !
Elle ne parle que du pupille ; elle le préfère

To choose 'bove all the men she ever saw.
My will goes not so fast as her consent now :
Her duty gets before my command still.

Guardiano : Why then, sir, if you'll have me speak my [thoughts,
I smell 'twill be a match.

Fabritio : Ay, and a sweet young couple,
If I have any judgment.

Guardiano : [*Aside.*] Faith, that's little. [*To him.*]
Let her be sent tomorrow before noon,
And handsomely tricked up, for 'bout that time
I mean to bring her in and tender her to him.

Fabritio : I warrant you for handsome ; I will see
Her things laid ready, every one in order,
And have some part of her tricked up tonight.

Guardiano : Why, well said.

Fabritio : 'Twas a use her mother had,
When she was invited to an early wedding :
She 'd dress her head o'ernight, sponge up herself,
And give her neck three lathers.

Guardiano : [*Aside.*] Ne'er a halter ?

Fabritio : On with her chain of pearl, her ruby bracelets,
Lay ready all her tricks and jiggambobs.

Guardiano : So must your daughter.

Fabritio : I'll about it straight, sir.
Exit Fabritio.

Livia : How he sweats in the foolish zeal of fatherhood
After six ounces an hour, and seems
To toil as much as if his cares were wise ones !

Guardiano : Y' have let his folly blood in the right vein, lady.

Livia : And here comes his sweet son-in-law that shall be.

A tous les hommes qu'elle a vus : maintenant,
Ma volonté est moins prompte que son consentement :
Son obéissance prévient mes ordres mêmes.

Guardiano : Et bien, monsieur, pour vous dire ma pensée,
Je sens qu'il y a un mariage dans l'air.

Fabritio : Oui, et un bien joli couple,
Si j'en crois mon jugement.

Guardiano : [*A part.*] Fragile augure, par ma foi !
[*A Fabritio.*]
Faites-la conduire ici demain avant midi
Dans ses plus beaux atours ; et moi, à cette heure-là,
Je l'accueillerai pour la lui donner en mariage.

Fabritio : Pour sa parure, je m'en porte garant. Je veillerai
A ce que tout soit prêt, chaque chose en bon ordre ;
Et sa toilette en partie achevée dès ce soir.

Guardiano : Fort bien dit.

Fabritio : C'était l'habitude de sa mère,
Quand elle devait aller de bonne heure à des noces,
De se coiffer la veille ; elle se lotionnait à l'éponge,
Se savonnait le cou par trois fois, avec art...

Guardiano : [*A part.*] La hart eût mieux valu [13] !

Fabritio : Elle mettait son sautoir de perles, ses bracelets de [rubis,
Préparait ses babioles et ses colifichets...

Guardiano : Que votre fille fasse de même !

Fabritio : Je vais y veiller de ce pas.
Il sort.

Livia : Tout à son zèle insensé de père, voyez comment
Il transpire ses six onces de sueur à l'heure, avec autant [d'ardeur
Que si la raison guidait son entreprise !

Guardiano : Vous avez trouvé la veine où saigner sa folie, [madame.

Livia : Et voici venir son charmant futur gendre ;

They're both allied in wit before the marriage;
What will they be hereafter, when they are nearer?
Yet they can go no further than the fool:
There's the world's end in both of 'em.

Enter Ward and Sordido,
one with a shuttlecock, the other a battledore.

Guardiano : Now, young heir!

Ward : What's the next business after shuttlecock, now?

Guardiano : Tomorrow you shall see the gentlewoman
Must be your wife.

Ward : [*Aside.*] There's ev'n another thing too
Must be kept up with a pair of battledores. [*To him.*]
My wife! What can she do?

Guardiano : Nay, that's a question you should ask yourself, [Ward,
When y' are alone together.
[*Livia and Guardiano speak together apart.*]

Ward : That's as I list.
A wife's to be asked anywhere, I hope;
I'll ask her in a congregation, if I have a mind to 't, and so save a licence. My guardiner has no more wit than a herb-woman, that sells away all her sweet herbs and nosegays, and keeps a stinking breath for her own pottage.

Sordido : Let me be at the choosing of your beloved,
If you desire a woman of good parts.

Ward : Thou shalt, sweet Sordido.

Sordido : I have a plaguy guess:

Ils sont déjà proches parents par l'esprit.
Qu'en sera-t-il lorsque ce mariage les aura encore rapprochés !
Pourtant, ils ne peuvent aller plus loin que le pupille :
Tous deux ont déjà atteint les confins extrêmes de la Création.

Entrent le Pupille et Sordido,
l'un tenant une raquette, l'autre un volant.

Guardiano : Et bien, mon jeune héritier !

Le Pupille : Qu'allons-nous faire maintenant, après notre
[partie de volant ?

Guardiano : Demain, vous verrez la demoiselle
Qui doit être votre épouse.

Le Pupille : [*A part.*] Voilà un autre objet
A ballotter entre une paire de raquettes.
[*A Guardiano.*]
Mon épouse ! Que sait-elle faire ?

Guardiano : Ça, mon neveu, c'est une demande qu'il faudra
[lui faire
Quand vous serez en tête à tête.
[*Livia et Guardiano s'entretiennent à part.*]

Le Pupille : Ça, je verrai :
J'espère bien qu'on peut faire des propositions à une femme
n'importe où :
Et je suis décidé à lui faire les miennes à l'église
Pour éviter les frais de licence [14]. Mon tuteur n'est pas plus
[malin qu'une herboriste
Qui vend toutes ses simples et ses bouquets parfumés
Et ne garde que son haleine fétide pour relever son potage.

Sordido : Laissez-moi assister au choix de votre dulcinée
Si vous voulez avoir une femme comme il faut.

Le Pupille : Entendu, mon doux Sordido.

Sordido : Je suis terriblement sagace :

Let me alone to see what she is ; if I but look upon her — 'way, I know all the faults to a hair, that you may refuse her for.

Ward : Dost thou ? I prithee, let me hear 'em, Sordido.

Sordido : Well, mark 'em then ; I have 'em all in rhyme :
The wife your guardiner ought to tender,
Should be pretty, straight and slender ;
Her hair not short, her foot not long,
Her hand not huge, nor too too loud her tongue ;
No pearl in eye, nor ruby in her nose,
No burn or cut but what the catalogue shows.
She must have teeth, and that no black ones,
And kiss most sweet when she does smack once ;
Her skin must be both white and plump,
Her body straight, not hopper-rumped,
Or wriggle sideways like a crab ;
She must be neither slut nor drab,
Nor go too splay-foot with her shoes,
To make her smock lick up the dews.
And two things more which I forgot to tell ye :
She neither must have bump in back, nor belly.
These are the faults that will not make her pass.

Ward : And if I spy not these, I am a rank ass !

Sordido : Nay, more ; by right, sir, you should see her naked,
For that's the ancient order.

Ward : See her naked ?
That were good sport, i' faith. I'll have the books turned over,
And if I find her naked on record,
She shall not have a rag on. But stay, stay !
How if she should desire to see me so too ?
I were in sweet case then ; such a foul skin !

Sordido : But you have a clean shirt, and that makes [amends, sir.

Laissez-moi faire pour voir ce quelle vaut ; il me suffira d'un
[coup d'œil
Pour repérer le moindre défaut qui justifierait votre refus.

Le Pupille : Vraiment ? Dis-moi, bon Sordido, quels sont ces
[défauts ?

Sordido : Écoutez donc : j'en ai fait ici l'inventaire rimé :
L'épouse que ton tuteur devra te présenter
Sera femme jolie, bien droite et élancée ;
Le cheveu pas trop court, le pied pas trop géant ;
Ni main en battoir, ni gosier tonitruant ;
Pas plus de taie à l'œil qu'au nez de rutilance ;
Ni balafre, ni fente autre qu'à sa naissance.
Sur sa mâchoire, elle doit avoir toutes ses dents,
L'haleine parfumée pour les baisers ardents.
La peau doit être blanche sur sa chair dodue ;
Le corps bien planté : pas d'arrière-train tordu,
Qui comme crabe avance ou canard se dandine.
Elle ne doit être ni souillon ni gourgandine.
Elle ne doit pas marcher pieds écartés et plats
Épongeant la rosée de tous ses falbalas.
Et, j'allais oublier : avant le jour des noces,
Qu'elle n'ait ni au dos, ni au ventre de bosse.
Voilà monsieur quels sont les défauts irrecevables.

Le Pupille : Si un seul m'échappe, je ne suis qu'un âne fieffé.

Sordido : En outre, monsieur, vous devez exiger de la voir
[nue,
Car ce sont là les règles anciennes.

Le Pupille : Toute nue ?
Voilà qui est badin. Je vais faire chercher dans tous les registres,
Et s'il est écrit que je peux la voir nue,
Nue comme un ver elle sera. Mais, tout doux ! tout doux !
Si elle aussi voulait me voir nu ? Me voilà beau alors avec tous
[mes dartres !

Sordido : Une chemise propre rachètera le tout.

Ward : I will not see her naked for that trick, though.
Exit.

Sordido : Then take her with all faults with her clothes on !
And they may hide a number with a bum-roll.
Faith, choosing of a wench in a huge farthingale
Is like the buying of ware under a great penthouse :
What with the deceit of one,
And the false light of th'other, mark my speeches,
He may have a diseased wench in's bed,
And rotten stuff in's breeches. *Exit.*

Guardiano : It may take handsomely.

Livia : I see small hindrance.

Enter [servant with] Mother [following].

[*To servant*] How now, so soon returned ?

Guardiano : She's come.

Livia : That's well.
Widow, come, come : I have a great quarrel to you ;
Faith, I must chide you, that you must be sent for !
You make yourself so strange, never come at us ;
And yet so near a neighbour, and so unkind !
Troth, y' are to blame ; you cannot be more welcome
To any house in Florence, that I'll tell you.

Mother : My thanks must needs acknowledge so much,
[madam.

Livia : How can you be so strange then ? I sit here
Sometimes whole days together without company,
When business draws this gentleman from home,
And should be happy in society
Which I so well affect as that of yours.

Le Pupille : Je renonce à la voir nue de peur de me faire ainsi piéger. *Il sort.*

Sordido : Alors, prenez-la avec toutes ses tares sous ses [vêtements !
Et dieu sait qu'on peut en cacher sous un faux cul.
Sur ma foi, choisir une femme en vertugadin,
C'est comme faire des achats sous un large auvent :
Entre la dissimulation du premier
Et le faux jour du second [15], je vous le dis,
On risque bien d'avoir fille malade dans son lit
Et étoffe avariée pour sa culotte ! *Il sort.*

Guardiano : Cela peut parfaitement marcher.

Livia : Je n'y vois guère d'obstacle.

Entre [un domestique suivi de] la mère.

[*Au domestique.*] Quoi, déjà de retour ?

Guardiano : Elle est ici.

Livia : Très bien. [*Le domestique sort.*]
[*A la Mère.*] Voyons, madame, je suis fort fâchée contre vous ;
Vous êtes à blâmer qu'il vous faille quérir !
Vous vous rendez si rare : vous ne venez jamais nous voir.
Vous qui êtes si proche voisine, pourquoi si peu de bonté ?
En vérité, vous avez tort : dans tout Florence, nulle maison
Ne vous accueillera avec plus de plaisir, je vous assure.

La Mère : Je vous suis fort obligée et je vous remercie, [madame.

Livia : Pourquoi alors, vous rendre si rare ? Il m'arrive [parfois
D'attendre ici des jours entiers, sans voir personne,
Lorsque ce gentilhomme est parti pour affaires ;
Et je serais heureuse d'avoir compagnie
Que j'apprécie aussi hautement que la vôtre.

I know y' are alone too. Why should not we,
Like two kind neighbours, then, supply the wants
Of one another, having tongue-discourse,
Experience in the world, and such kind helps
To laugh down time, and meet age merrily?

Mother : Age, madam! You speak mirth; 'tis at my door,
But a long journey from your ladyship yet.

Livia : My faith, I'm nine-and-thirty, ev'ry stroke, wench,
And 'tis a general observation
'Mongst knights' wives or widows, we accompt
Ourselves then old, when young men's eyes leave looking at 's:
'Tis a true rule amongst us, and ne'er failed yet
In any but in one that I remember —
Indeed, she had a friend at nine-and-forty:
Marry, she paid well for him! And in the end
He kept a quean or two with her own money,
That robbed her of her plate and cut her throat.

Mother : She had her punishment in this world, madam;
And a fair warning to all other women
That they live chaste at fifty.

Livia : Ay, or never, wench.
Come, now I have thy company I'll not part with 't
Till after supper.

Mother : Yes, I must crave pardon, madam.

Livia : I swear you shall stay supper. We have no strangers, [woman;
None but my sojourners and I: this gentleman
And the young heir, his ward; you know our company.

Mother : Some other time I will make bold with you, [madam.

Guardiano : Nay, pray stay, widow.

Je sais que vous êtes seule, vous aussi. Pourquoi donc,
En bonnes voisines, ne pas nous entraider et offrir l'une à
[l'autre
Notre conversation, notre expérience du monde,
Et tous ces talents qui aident à passer joyeusement le temps
Et affronter la vieillesse dans la bonne humeur ?

La Mère : La vieillesse ! Vous vous moquez, madame : si elle
[est à ma porte,
Elle est bien loin encore de votre seigneurie.

Livia : Non, vraiment, j'ai trente-neuf ans bien sonnés, ma
[fille ;
Et pour nous autres, femmes ou veuves de chevaliers,
Nous nous estimons vieilles
Lorsque les jeunes gens ne nous regardent plus.
C'est pour nous un précepte absolu, et chacune l'observe,
A une seule exception dont je me souvienne...
Cette dame avait un galant à quarante-neuf ans :
Pardi, elle le payait grassement : avec cet argent
Il entretenait une catin ou deux qui finirent
Par l'égorger pour lui dérober sa vaisselle.

La Mère : Elle a reçu son châtiment ici-bas, madame.
C'est là pour toutes les femmes un juste rappel
Qu'à cinquante ans, il convient d'être chaste.

Livia : C'est le moment ou jamais, ma fille.
Allons, maintenant que tu es avec moi, tu ne partiras pas
Avant le souper.

La Mère : Il le faut, pardonnez-moi, madame.

Livia : Je jure que vous resterez à souper. Il n'y aura pas
[d'étrangers, commère,
Rien que la maisonnée : moi-même, ce gentilhomme,
Et le jeune héritier, son pupille. Vous connaissez tout le
[monde.

La Mère : Une autre fois, je prendrai cette liberté, madame.

Guardiano : Je vous en prie, restez, madame.

Livia : Faith, she shall not go.
Do you think I'll be forsworn ?

Mother : 'Tis a great while
Till supper-time ; I'll take my leave then, now, madam,
And come again i'th' evening, since your ladyship
Will have it so.

Livia : I'th' evening ! By my troth, wench,
I'll keep you while I have you ; you have great business sure,
To sit alone at home ; I wonder strangely
What pleasure you take in 't ! Were 't to me now,
I should be ever at one neighbour's house
Or other all day long. Having no charge,
Or none to chide you if you go or stay,
Who may live merrier ; ay, or more at heart's ease ?
Come, we'll to chess, or draughts : there are an hundred tricks
To drive out time till supper, never fear 't, wench.

Mother : I'll but make one step home and return straight,
[madam.

Livia : Come, I'll not trust you ; you use more excuses
To your kind friends than ever I knew any.
What business can you have, if you be sure
Y' have locked the doors ? And that being all you have
I know y' are careful on 't : One afternoon
So much to spend here ! Say I should entreat you now
To lie a night or two, or a week with me,
Or leave your own house for a month together,
It were a kindness that long neighbourhood
And frienship might well hope to prevail in.
Would you deny such a request ? I' faith,
Speak truth, and freely.

Mother : I were then uncivil, madam.

Livia : Go to then, set your men ;
[*points to a Table and Chess*]
we'll have whole nights
Of mirth together ere we be much older, wench.

Livia : Par ma foi, elle ne partira pas.
Croyez-vous que je sois prête à me parjurer ?

La Mère : Cela fait longtemps
D'ici le souper ; je vais prendre congé maintenant, madame,
Et reviendrai ce soir, puisque vous insistez.

Livia : Ce soir ! Sur ma foi, ma fille, puisque je vous ai là,
Je vous garde. Assurément, vous avez grande affaire
A rester seule chez vous. Je me demande
Quel plaisir vous pouvez y trouver ! A votre place,
Je serais sans cesse chez l'une ou l'autre de mes voisines.
Sans personne dont vous ayez la charge
Ou qui trouve à redire, que vous sortiez ou que vous restiez,
Qui mieux que vous peut mener joyeuse vie, faire ce qui lui [plaît ?
Allons, mettons-nous aux échecs ou aux dames : il y a cent [façons
De tromper le temps jusqu'au souper, n'ayez crainte ma fille.

La Mère : Je ne fais qu'un saut jusque chez moi, et je reviens [de suite, madame.

Livia : Je ne vous crois pas : aux bontés de vos amis,
Vous opposez plus d'excuses que je ne saurais en inventer.
Que pouvez-vous avoir à faire, si vous êtes sûre
D'avoir bien fermé les portes ? Puisque c'est là tout votre [avoir,
Je sais que vous y veillez. Un après-midi ici,
Est-ce si long ? Et si je vous priais maintenant
De rester avec moi une nuit ou deux, ou une semaine,
Ou de ne pas rentrer chez vous de tout un mois...
Ce serait une courtoisie que voisinage
Et amitié de longue date auraient bien droit d'espérer.
Vous déroberiez-vous à cette requête ? Répondez franchement.

La Mère : Ce serait vous manquer de civilité, madame.

Livia : Et bien, c'est dit, disposez vos pièces.
[*Elle indique l'échiquier.*]
D'ici peu, ma fille,
Nous aurons passé bien des nuits à nous amuser ensemble.

Mother : [*Aside.*] As good now tell her, then, for she will [know 't ;
I have always found her a most friendly lady.

Livia : Why, widow, where's your mind ?

Mother : Troth, ev'n at home, madam.
To tell you truth, I left a gentlewoman
Ev'n sitting all alone, which is uncomfortable,
Especially to young bloods.

Livia : Another excuse !

Mother : No, as I hope for health, madam, that's a truth ;
Please you to send and see.

Livia : What gentlewoman ? Pish !

Mother : Wife to my son indeed, but not known, madam,
To any but yourself.

Livia : Now I beshrew you !
Could you be so unkind to her and me
To come and not bring her ? Faith, 'tis not friendly !

Mother : I feared to be too bold.

Livia : Too bold ? Oh, what's become
Of the true hearty love was wont to be
'Mongst neighbours in old time ?

Mother : And she's a stranger, madam.

Livia : The more should be her welcome. When is courtesy
In better practise than when 'tis employed
In entertaining strangers ? I could chide, i'faith.
Leave her behind, poor gentlewoman, alone too !
Make some amends, and send for her betimes ; go.

Mother : Please you command one of your servants, madam.

La Mère : [*A part.*] Autant lui dire tout de suite, car elle le [saura ;
Je l'ai toujours trouvée pleine de bienveillance.

Livia : Et bien, madame, où avez-vous la tête ?

La Mère : A dire vrai, chez moi, madame.
Pour être franche, j'y ai laissé une dame toute seule,
Et cela n'offre guère d'agrément, surtout à la jeunesse...

Livia : Encore une excuse !

La Mère : Mais non ! Aussi vrai que je veux rester en bonne [santé !
Vous pouvez faire vérifier.

Livia : Bah ! Quelle dame ?

La Mère : L'épouse de mon fils, à vrai dire ; mais vous êtes, [madame,
Seule à le savoir.

Livia : Oh, honte à vous !
Avez-vous eu la cruauté envers elle et envers moi
De venir sans l'amener ? Vraiment, cela est barbare.

La Mère : Je craignais d'abuser...

Livia : D'abuser ! Ah, qu'est donc devenue
La franche et cordiale amitié qui régnait autrefois
Entre voisins ?

La Mère : De plus, c'est une étrangère, madame.

Livia : Raison de plus pour lui faire bon accueil ! La [courtoisie
Peut-elle mieux s'employer qu'à recevoir des étrangers ?
Vraiment, je pourrais me fâcher ! L'abandonner
Ainsi, la pauvre dame, et toute seule en plus !
Réparez sur le champ en l'envoyant chercher !

La Mère : S'il vous plaît d'en donner l'ordre à vos gens, [madame.

Livia : Within there! *Enter servant.*

Servant : Madam?

Livia : Attend the gentlewoman.

Mother : [*Aside.*] It must be carried wondrous privately
From my son's knowledge, he'll break out in storms else.
[*To servant.*]
Hark you, sir.
[*They talk apart ; exit servant.*]

Livia : Now comes in the heat of your part.

Guardiano : True, I know it, lady, and if I be out,
May the duke banish me from all employments,
Wanton or serious.

Livia : So, have you sent, widow?

Mother : Yes, madam, he's almost at home by this.

Livia : And faith, let me entreat you that henceforward
All such unkind faults may be swept from friendship,
Which does but dim the lustre. And think thus much:
It is a wrong to me, that have ability
To bid friends welcome, when you keep 'em from me;
You cannot set greater dishonour near me,
For bounty is the credit and the glory
Of those that have enough. I see y' are sorry,
And the good 'mends is made by 't.

Mother : Here she's, madam.
Enter Bianca and servant.

Bianca : [*Aside.*] I wonder how she comes to send for me
[now.
[*Exit servant.*]

Livia : Gentlewoman, y' are most welcome, trust me y' are,
As courtesy can make one, or respect
Due to the presence of you.

Bianca : I give you thanks, lady.

Livia : I heard you were alone, and 't had appeared
An ill condition in me, though I knew you not,

Livia : Holà, quelqu'un ! *Entre un domestique.*

Domestique : Madame ?

Livia : Faites ce que vous dira cette dame.

La Mère : [*A part.*] Tout ceci doit rester très secret,
Sinon mon fils va se déchaîner et tempêter.
[*Au domestique.*]
Écoutez, monsieur.
[*Ils parlent en aparté ; le domestique sort.*]

Livia : Maintenant, votre rôle est décisif.

Guardiano : Il est vrai, je le sais, et si j'oublie mon texte,
Puisse le duc me refuser tout emploi,
Badin ou sérieux.

Livia : Et bien, l'avez-vous envoyé chercher, madame ?

La Mère : Oui, madame, il doit être déjà presque arrivé chez [moi.

Livia : Par ma foi, je vous prie désormais
De ne plus ternir le lustre de notre amitié
Par des fautes aussi cruelles. Sachez-le bien,
C'est me faire grand tort, à moi qui ai les moyens
De faire bon accueil aux amis, de les tenir éloignés.
Vous ne sauriez porter atteinte plus grave à mon honneur :
La libéralité donne gloire et crédit
A ceux qui sont à l'aise. Je vous vois fort contrite
Et je vous pardonne.

La Mère : La voici qui vient, madame.
Entrent Bianca et le domestique.

Bianca : [*A part.*] C'est étrange qu'elle me fasse ainsi [chercher.
[*Le domestique sort.*]

Livia : Madame, vous êtes la bienvenue ici, croyez-moi,
Avec toute la courtoisie et le respect qui sont dûs à l'honneur
De votre gracieuse présence.

Bianca : Je vous remercie, madame.

Livia : J'ai appris que vous étiez seule, et bien que je ne vous [connaisse pas,

Nor ever saw you, (yet humanity
Thinks ev'ry case her own) to have kept your company
Here from you, and left you all solitary;
I rather ventured upon boldness then
As the least fault, and wished your presence here,
A thing most happily motioned of that gentleman,
Whom I request you, for his care and pity,
To honour and reward with your acquaintance;
A gentleman that ladies' rights stands for:
That's his profession.

Bianca : 'Tis a noble one,
And honours my acquaintance.

Guardiano : All my intentions
Are servants to such mistresses.

Bianca : 'Tis your modesty,
It seems, that makes your deserts speak so low, sir.

Livia : Come, widow. [*To Bianca.*] Look you lady, here's our [business;
[*Points to the Table and Chess.*]
Are we not well employed, think you? An old quarrel
Between us, that will never be at an end.

Bianca : No?
And methinks there's men enough to part you, lady.

Livia : Ho, but they set us on, let us come off
As well as we can, poor souls; men care no farther.
I pray, sit down, forsooth, if you have the patience
To look upon two weak and tedious gamesters.

Guardiano : Faith, madam, set these by till evening;
You'll have enough on 't then. The gentlewoman,
Being a stranger, would take more delight
To see your rooms and pictures.

Livia : Marry, good sir,
And well remembered! I beseech you, show 'em her,

Et ne vous aie jamais vue, aucune cause n'étant étrangère à la
[bonté,
Il eût semblé malhonnête de retenir ici votre compagne
En vous abandonnant à la solitude.
J'ai préféré risquer paraître trop hardie
Et pris la liberté de souhaiter votre présence,
Comme le suggérait fort à propos ce gentilhomme,
Dont je vous prie d'honorer la sollicitude et la pitié
En daignant faire sa connaissance : un gentilhomme
Qui fait profession de défendre la cause des dames.

Bianca : C'est une noble profession,
Et l'honneur est pour moi de faire sa connaissance.

Guardiano : Cette cause est l'unique maîtresse que servent
[tous mes efforts.

Bianca : C'est votre modestie, je crois, monsieur,
Qui bride ainsi l'éloquence de vos mérites.

Livia : [*A la Mère.*] Allons, madame. [*A Bianca.*]
Voyez, madame, c'est là notre occupation.
[*Elle lui montre la table d'échecs.*]
Grande affaire, n'est-ce pas ?
C'est une vieille querelle entre nous, qui n'en finira jamais.

Bianca : Pourtant, il ne manque pas de cavaliers pour
[apaiser votre querelle.

Livia : Mais ce sont eux qui nous enflamment. Ils se
[moquent bien
Que nous autres, pauvres femmes, parvenions à nous apaiser.
Je vous en prie, asseyez-vous, si vous avez la patience
De suivre la partie de deux médiocres joueuses.

Guardiano : Mais, madame, laissez donc cela jusqu'à ce soir,
Vous en aurez alors tout loisir. Cette dame
Est étrangère et trouverait plus de plaisir
A voir vos appartements et vos peintures.

Livia : Ma foi, monsieur,
Vous y pensez fort à propos. Faites-lui les honneurs,

That will beguile time well; pray heartily, do, sir.
I'll do as much for you. Here, take these keys,
Show her the Monument too, and that's a thing
Everyone sees not; you can witness that, widow.

Mother : And that's worth sight indeed, madam.

Bianca : Kind lady,
I fear I came to be a trouble to you.

Livia : Oh, nothing less, forsooth.

Bianca : And to this courteous gentleman,
That wears a kindness in his breast so noble
And bounteous to the welcome of a stranger.

Guardiano : If you but give acceptance to my service,
You do the greatest grace and honour to me
That courtesy can merit.

Bianca : I were to blame else,
And out of fashion much. I pray you lead, sir.

Livia : After a game or two, w' are for you, gentlefolks.

Guardiano : We wish no better seconds in society
Than your discourses, madam, and your partner's there.

Mother : I thank your praise. I listened to you, sir,
Though when you spoke there came a paltry rook
Full in my way, and chokes up all my game.
Exeunt Guardiano and Bianca.

Livia : Alas, poor widow, I shall be too hard for thee.

Mother : Y' are cunning at the game, I'll be sworn, madam.

Livia : It will be found so, ere I give you over.
She that can place her man well —

Je vous en prie... Cela passera le temps agréablement
Et je vous le revaudrai. Tenez, prenez ces clefs,
Et montrez-lui aussi le Monument : c'est là un objet
Qu'on ne montre pas à tout le monde, vous pouvez en
[témoigner, madame.

La Mère : Et qui mérite bien d'être admiré, madame.

Bianca : Vous êtes trop bonne,
Et je crains que ma visite ne vous cause que des soucis.

Livia : Pas le moins du monde, je vous assure.

Bianca : ... A vous et à ce courtois gentilhomme
Dont le cœur, noble et généreux,
Met tant de bonté à accueillir une étrangère.

Guardiano : S'il vous plaît d'accepter mes services,
Vous m'accordez toutes les grâces et tous les honneurs
Que peut mériter la courtoisie.

Bianca : Refuser serait blâmable
Et bien rustre de ma part. Je vous suis, monsieur.

Livia : Une ou deux parties, et nous vous rejoindrons,
[messeigneurs.

Guardiano : Nous ne pouvons souhaiter meilleur concours à
[notre entretien
Que votre conversation et celle de votre partenaire, madame.

La Mère : Je vous remercie du compliment. Je vous écoutais,
[monsieur,
Mais pendant que vous parliez, un misérable duc [16]
Est venu se mettre en travers de mon jeu.

Guardiano et Bianca sortent.

Livia : Hélas, pauvre femme, je vais être trop dure pour toi.

La Mère : Vous êtes subtile à ce jeu, c'est sûr, madame.

Livia : J'en donnerai la preuve avant d'en avoir fini avec
[vous.
Si l'on place habilement ses pions...

Mother : As you do, madam.

Livia : As I shall, wench, can never lose her game.
Nay, nay, the black king's mine.

Mother : Cry you mercy, madam.

Livia : And this my queen.

Mother : I see 't now.

Livia : Here's a duke
Will strike a sure stroke for the game anon ;
Your pawn cannot come back to relieve itself.

Mother : I know that, madam.

Livia : You play well the whilst ;
How she belies her skill ! I hold two ducats
I give you check and mate to your white king,
Simplicity itself, your saintish king there.

Mother : Well, ere now, lady,
I have seen the fall of subtlety. Jest on.
[*Takes one of Livia's men.*]

Livia : Ay, but simplicity receives two for one.
[*Takes two men.*]

Mother : What remedy but patience !

Enter above Guardiano and Bianca.

Bianca : Trust me, sir,
Mine eye nev'r met with fairer ornaments.

Guardiano : Nay, livelier, I'm persuaded, neither Florence
Nor Venice can produce.

Bianca : Sir, my opinion
Takes your part highly.

La Mère : Comme vous le faites, madame.

Livia : ... Comme je ne manquerai pas de le faire, ma fille,
On ne saurait perdre la partie. Attention : le roi noir, c'est le [mien !

La Mère : Oh, pardonnez-moi.

Livia : Et c'est là ma dame.

La Mère : Oh, je vois.

Livia : Voici un duc
Qui s'apprête à une attaque imparable.
Votre pièce ne peut plus reculer pour se dégager.

La Mère : Je le sais, madame.

Livia : Mais vous ne jouez pas mal du tout.
Voyez comme elle se calomnie ! Je parie deux ducats
Que votre roi blanc, la candeur incarnée,
Je vous le mets échec et mat ce roi des innocents là !

La Mère : Et bien, ce ne sera pas la première fois
Que je verrai la malice confondue : riez, madame !
[*Elle lui prend une pièce.*]

Livia : Soit, mais la candeur reçoit double paiement.
[*Elle prend deux pièces à la mère.*]

La Mère : Que puis-je faire sinon me résigner ?

Entrent en haut Guardiano et Bianca [17].

Bianca : Croyez-moi, monsieur,
Mes yeux n'ont jamais vu de plus beaux ornements.

Guardiano : Beauté plus vive, j'en suis sûr, ne se trouve
Ni à Florence, ni à Venise.

Bianca : Monsieur, je souscris en tout point
A votre jugement.

Guardiano : There's a better piece
Yet than all these.

[Enter] Duke above,
[behind Guardiano and Bianca.]

Bianca : Not possible, sir!

Guardiano : Believe it;
You'll say so when you see 't. Turn but your eye now,
Y' are upon it presently. *Exit.*

Bianca : [*Seeing the Duke.*] Oh, sir!

Duke : He's gone, beauty!
Pish, look not after him; he's but a vapour
That, when the sun appears, is seen no more.

Bianca : Oh, treachery to honour!

Duke : Prithee, tremble not.
I feel thy breast shake like a turtle panting
Under a loving hand that makes much on 't.
Why art so fearful? As I'm friend to brightness,
There's nothing but respect and honour near thee.
You know me, you have seen me; here's a heart
Can witness I have seen thee.

Bianca : The more 's my danger.

Duke : The more 's thy happiness. Pish, strive not, sweet!
This strength were excellent employed in love, now,
But here 'tis spent amiss. Strive not to seek
Thy liberty and keep me still in prison.
[*He takes her in his arms.*]
I' faith, you shall not out till I'm released now;
We'll both be freed together, or stay still by 't;
So is captivity pleasant.

Bianca : Oh my lord!

Duke : I am not here in vain; have but the leisure

Guardiano : Il est un autre objet encore
Qui surpasse tout ce que vous avez vu.

[Entre], en haut, le duc,
[derrière Guardiano et Bianca].

Bianca : Impossible, monsieur.

Guardiano : Croyez m'en,
Vous en conviendrez en le voyant. Tournez ici votre regard
Et le voici devant vous. *Il sort.*

Bianca : [*Apercevant le duc.*] Oh, monsieur !

Le Duc : Il est parti, ma toute belle !
Bah ! Ne le rappelle pas ! Il n'est qu'une simple vapeur
Qui se dissipe lorsque paraît le soleil [18].

Bianca : Oh, trahison de l'honneur !

Le Duc : Je t'en prie, ne tremble pas.
Ton sein palpite comme la tourterelle effarouchée
Par la caresse d'une main amoureuse.
Pourquoi tant de crainte ? J'aime l'éclat de la beauté :
Seuls le respect et l'honneur sont ici près de toi.
Vous savez qui je suis : vous m'avez déjà vu ; et voici un cœur
Qui sait bien que je t'ai déjà vue.

Bianca : Plus grand, donc, est mon péril.

Le Duc : Plus grand est ton bonheur. Fi donc ! ne te débats
[pas, ma mie ;
Cette vigueur serait merveilleuse dans l'étreinte, mais ici,
Tu la gaspilles à tort. Ne te débats pas
Pour reprendre ta liberté, en me laissant prisonnier.
[*Il la prend dans ses bras.*]
Vraiment, vous ne sortirez pas avant que je sois délivré ;
Nous serons libres ensemble, ou nous resterons ainsi,
En douce captivité.

Bianca : Oh, monseigneur !

Le Duc : Je ne suis pas venu ici en vain : réfléchis un instant,

To think on that, and thou'lt be soon resolved.
The lifting of thy voice is but like one
That does exalt his enemy, who, proving high,
Lays all the plots to confound him that raised him.
Take warning, I beseech thee ; thou seemest to me
A creature so composed of gentleness
And delicate meekness, such as bless the faces
Of figures that are drawn for goddesses
And makes art proud to look upon her work ;
I should be sorry the least force should lay
An unkind touch upon thee.

Bianca : Oh my extremity !
My lord, what seek you ?

Duke : Love.

Bianca : 'Tis gone already ;
I have a husband.

Duke : That's a single comfort ;
Take a friend to him.

Bianca : That's a double mischief,
Or else there's no religion.

Duke : Do not tremble
At fears of thine own making.

Bianca : Nor, great Lord,
Make me not bold with death and deeds of ruin
Because they fear not you ; me they must fright.
Then am I best in health. Should thunder speak
And none regard it, it had lost the name
And were as good be still. I'm not like those
That take their soundest sleeps in greatest tempests ;
Then wake I most, the weather fearfullest,
And call for strength to virtue.

Duke : Sure I think
Thou knowest the way to please me : I affect
A passionate pleading 'bove an easy yielding ;

Et tu ne tarderas pas à prendre ton parti :
Élever la voix, c'est faire comme qui donne puissance
A son ennemi, qui, une fois exalté,
S'acharnera à détruire celle qui a attisé son ardeur.
Prends bien garde. Tu es, je crois,
Pétrie de cette douceur aimable et délicate
Que donnent les peintres aux visages des déesses,
Et qui sont le triomphe de l'art.
Je serais fâché que la force dût porter sur toi
Une main sévère.

Bianca : Oh, malheureuse !
Que voulez-vous de moi, monseigneur ?

Le Duc : Ton amour.

Bianca : Je l'ai déjà donné,
J'ai un mari.

Le Duc : C'est là unique contentement esseulé :
Donne-lui compagnie et prends un ami.

Bianca : C'est là double vilenie,
Ou alors, il n'est plus de religion.

Le Duc : Ne tremble pas
Devant des frayeurs que tu te crées toi-même.

Bianca : Mais aussi, puissant seigneur,
Ne me demandez pas de mépriser la mort et la ruine
Qui, à vous, ne font pas peur ; pour moi, je me dois d'avoir [peur,
C'est alors que je me porte le mieux. Quand parle le tonnerre,
Si nul ne l'écoutait, il perdrait son nom
Et autant vaudrait qu'il se tût. Je ne suis pas de celles
Qui dorment d'un profond sommeil au plus fort de l'orage ;
Si le temps se déchaîne, ma vigilance est plus grande
Et j'en appelle à la vertu pour y trouver la force.

Le Duc : Vraiment, tu as trouvé
Le chemin le plus sûr pour me plaire : une supplication [fervente
Me touche plus qu'une capitulation facile,

But never pitied any, they deserve none,
That will not pity me. I can command;
Think upon that. Yet if thou truly knewest
The infinite pleasure my affection takes
In gentle, fair entreatings, when love's businesses
Are carried courteously 'twixt heart and heart,
You 'd make more haste to please me.

Bianca : Why should you seek, sir,
To take away that you can never give?

Duke : But I give better in exchange : wealth, honour.
She that is fortunate in a duke's favour
Lights on a tree that bears all women's wishes;
If your own mother saw you pluck fruit there,
She would commend your wit, and praise the time
Of your nativity. Take hold of glory.
Do not I know y' have cast away your life
Upon necessities, means merely doubtful
To keep you in indifferent health and fashion,
A thing I heard too lately and soon pitied?
And can you be so much your beauty's enemy
To kiss away a month or two in wedlock,
And weep whole years in wants for ever after?
Come, play the wise wench, and provide for ever :
Let storms come when they list, they find thee sheltered.
Should any doubt arise, let nothing trouble thee;
Put trust in our love for the managing
Of all to thy heart's peace. We'll walk together,
And show a thankful joy for both our fortunes.
Exeunt above.

Livia : Did not I say my duke would fetch you over, widow?

Mother : I think you spoke in earnest when you said it,
[madam.

Livia : And my black king makes all the haste he can, too.

Mother : Well, madam, we may meet with him in time, yet.

Mais je n'ai aucune pitié pour celles qui n'ont pas pitié de moi :
Elles ne le méritent pas. J'ai le pouvoir de commander,
Penses-y. Pourtant, si tu savais
Le plaisir infini que puise mon désir, dans les prières
Aimables et honnêtes, quand le cœur s'adresse au cœur
En galant commerce amoureux, tu serais alors
Plus empressée de me plaire.

Bianca : Pourquoi chercher à prendre
Ce qu'il n'est pas en votre pouvoir de donner ?

Le Duc : Ce que je donne en échange est meilleur : la [richesse, les honneurs.
Celle à qui la fortune accorde les faveurs d'un duc
Est au pied de l'arbre aux vœux des femmes.
Si votre propre mère vous en voyait cueillir les fruits,
Elle louerait votre finesse, et bénirait l'heure
De votre naissance. Sachez saisir la gloire.
Ne sais-je pas que vous avez naufragé votre vie
Au rivage incertain de la nécessité
Qui ne peut assurer subsistance et train de vie médiocres ?
Je l'ai appris trop récemment, et j'en fus aussitôt ému.
Pouvez-vous être si ennemie de votre beauté
Que vous dissipiez en baisers un ou deux mois de mariage
Pour pleurer les larmes du besoin le reste de vos ans ?
Allons, sois raisonnable, assure ton avenir.
Que se lève l'orage, tu seras à l'abri.
Mets ta confiance en notre amour qui saura tout prévoir
Pour ménager la paix de ton cœur. Viens, marchons,
Et que ta joie rende grâce à notre bonne fortune !

Ils sortent.

Livia : Je l'avais dit, commère : mon duc allait vous mettre [à mal.

La Mère : Je vois bien que vous parliez sérieusement, [madame.

Livia : Et mon roi noir se presse à la rescousse.

La Mère : Mais madame, nous arriverons peut-être à temps.

Livia : I have given thee blind mate twice.

Mother : You may see, madam,
My eyes begin to fail.

Livia : I'll swear they do, wench.

Enter Guardiano.

Guardiano : [*Aside.*] I can but smile as often as I think on 't :
How prettily the poor fool was beguiled,
How unexpectedly ! It's a witty age ;
Never were finer snares for women's honesties
Than are devised in these days ; no spider's web
Made of daintier thread than are now practised
To catch love's flesh-fly by the silver wing.
Yet to prepare her stomach by degrees
To Cupid's feast, because I saw 'twas queasy,
I showed her naked pictures by the way :
A bit to stay the appetite. Well, advancement,
I venture hard to find thee ; if thou com'st
With a greater title set upon thy crest,
I'll take that first cross patiently, and wait
Until some other comes greater than that.
I'll endure all.

Livia : The game's ev'n at the best now ; you may see, [widow,
How all things draw to an end.

Mother : Ev'n so do I, madam.

Livia : I pray take some of your neighbours along with you.

Mother : They must be those are almost twice your years, [then,
If they be chose fit matches for my time, madam.

Livia : Has not my duke bestirred himself?

Livia : Je t'ai mise en échec deux fois sans que tu n'y voies [goutte.

La Mère : Ma vue baisse, madame.

Livia : J'en jurerais, ma fille.

Entre Guardiano.

Guardiano : [*A part.*] Je ne peux m'empêcher de sourire dès [que j'y pense !
Comme la pauvrette s'est joliment fait berner,
Comme elle s'est laissé surprendre ! L'époque est à l'astuce.
Jamais dans le passé, pièges plus subtils
N'ont été inventés pour la vertu des femmes. Nulle araignée
Tendit jamais toile si ténue pour capturer
Par son aile diaprée, la mouche qu'attire la chair.
Pourtant, voyant qu'elle avait l'estomac délicat,
Pour la préparer peu à peu au festin de Cupidon,
Je lui ai montré en passant des peintures de nudités,
Léger en-cas pour calmer ses spasmes. Gagner du crédit à la [cour !
Que de risques je prends pour cela ! Si l'avancement se présente
Avec, sur son blason, une plus noble devise [19],
Je subirai ce revers avec patience, et saurai attendre
La venue d'honneurs plus grands encore...
J'endurerai tout.

Livia : C'est le temps le plus fort de la partie. Voyez, [commère,
Tout a une fin qui ne saurait tarder...

La Mère : Il en est ainsi de ma vie, madame.

Livia : Et de la vie de certaine personne que je connais bien.

La Mère : Il faudrait que cette personne ait deux fois votre [âge
Pour pouvoir aller de pair avec moi, madame.

Livia : Mon duc n'a-t-il pas besogné de belle manière ?

Mother : Yes, faith, madam,
H'as done me all the mischief in this game.

Livia : H'as showed himself in 's kind.

Mother : In 's kind, call you it?
I may swear that.

Livia : Yes, faith, and keep your oath.

Guardiano : [*Aside.*] Hark, list! There's somebody coming [down ; 'tis she.

Enter Bianca.

Bianca : [*Aside.*] Now bless me from a blasting! I saw that [now
Fearful for any woman's eye to look on.
Infectious mists and mildews hang at 's eyes,
The weather of a doomsday dwells upon him.
Yet, since my honour's leprous, why should I
Preserve that fair that caused the leprosy?
Come, poison all at once! [*Aside to Guardiano.*] Thou in whose [baseness
The bane of virtue broods, I'm bound in soul
Eternally to curse thy smooth-browed treachery
That wore the fair veil of a friendly welcome,
And I a stranger! Think upon it, 'tis worth it.
Murders piled up upon a guilty spirit
At his last breath will not lie heavier
Than this betraying act upon thy conscience.
Beware of off'ring the first-fruits to sin :
His weight is deadly, who commits with strumpets,
After they have been abased and made for use;
If they offend to th' death, as wise men know,
How much more they, then, that first make 'em so?

La Mère : Oui, ma foi,
Il a fait de terribles ravages dans mon jeu.

Livia : Il a œuvré selon la nature.

La Mère : La nature, dites-vous ?
J'en jurerais.

Livia : Oui, et sans crainte de vous parjurer.

Guardiano : [*A part.*] Attention, j'entends descendre quelqu'un ; c'est elle.

Entre Bianca.

Bianca : [A part.] Le Ciel me sauve de cette corruption ! Ce [que je viens de voir
Est redoutable à la vue de toute femme. Les brumes pestilen- [tielles
Porteuses de contagion s'accrochent à son regard,
Et les nuées du jugement dernier planent sur sa tête.
Mais puisque mon honneur est touché par la lèpre, pourquoi
Préserver sa beauté à cela même qui l'a rendu lépreux ?
Le poison détruira tout à la fois. *[A part, à Guardiano.]* Toi, [dont la vilenie
Recèle la peste corruptrice de toute vertu,
Mon âme maudira éternellement ta perfidie placide
Qui s'est dissimulée sous le voile attrayant d'un accueil cordial,
Alors que j'étais ici étrangère. Penses-y bien, cela en vaut la [peine.
Les crimes innombrables du meurtrier, sa dernière heure [venue,
Ne pèseront pas plus lourd sur son âme coupable
Que cette trahison sur ta conscience.
Malheur à celui qui offre les prémices au péché !
Il pèse d'un poids mortel sur celui qui le commet
Avec la fille perdue déjà offerte à tous.
Si cet homme commet une offense mortelle,
Combien plus lourde encore la faute de celui qui l'a ruinée ?

I give thee that to feed on. I'm made bold now,
I thank thy treachery ; sin and I'm acquainted,
No couple greater ; and I'm like that great one
Who, making politic use of a base villain,
He likes the treason well, but hates the traitor ;
So I hate thee, slave.

Guardiano : [*Aside.*] Well, so the duke love me,
I fare not much amiss then ; two great feasts
Do seldom come together in one day,
We must not look for 'em.

Bianca : What, at it still, mother ?

Mother : You see we sit by 't. Are you so soon returned ?

Livia : [*Aside.*] So lively and so cheerful ? A good sign that.

Mother : You have not seen all since, sure ?

Bianca : That have I, mother,
The Monument and all : I'm so beholding
To this kind, honest, courteous gentleman,
You 'd little think it, mother, showed me all,
Had me from place to place so fashionably ;
The kindness of some people, how 't exceeds !
Faith, I have seen that I little thought to see
I'th' morning when I rose.

Mother : Nay, so I told you
Before you saw 't, it would prove worth your sight.
I give you great thanks for my daughter, sir,
And all your kindness towards her.

Guardiano : Oh, good widow !
Much good may 't do her — [*aside*] forty weeks hence, i' faith.

Voilà pour toi matière à réfléchir. Me voici enhardie
Et je te dis merci pour ta trahison : le vice et moi sommes
[désormais intimes,
Il n'est pas de couple plus uni. Je suis comme ce grand
Qui par stratagème employait un vil scélérat :
« Il aimait la trahison mais détestait le traître. »
Ainsi, gueux, je te déteste.

Guardiano : [*A part.*] Bah, pourvu que le duc m'accorde
[ses faveurs,
Mes affaires ne sauraient aller trop mal : il est bien rare
D'être convié à deux festins le même jour.
Il ne faut pas tant espérer.

Bianca : Quoi ? La partie n'est pas encore finie, ma mère ?

La Mère : Comme vous le voyez. Êtes-vous déjà revenue ?

Livia : [*A part.*] Si vive et si gaie ? c'est là un bon signe.

La Mère : Vous n'avez sûrement pas tout vu en si peu de
[temps.

Bianca : Ah, si fait, ma mère,
Le monument et tout. Je suis si reconnaissante
Envers ce gentilhomme si bon, si honnête, si courtois,
Vous n'avez pas idée, ma mère : il m'a tout montré,
M'a si galamment guidée de pièce en pièce !
Quel excès de bonté chez certaines gens ! Par ma foi,
J'ai vu des choses que je n'aurais jamais cru voir
Quand je me suis levée ce matin.

La Mère : Avant même que vous le voyiez,
Je vous l'avais bien dit que cela en valait la peine.
Grand merci pour ma fille, monsieur, de toutes les bontés
Que vous avez pour elle.

Guardiano : Oh, ma bonne dame,
Puisse-t-elle en tirer grand profit *(à part)* ... dans quarante
[semaines, pardi !

Enter servant.

Livia : Now, sir ?

Servant : May 't please you, madam, to walk in ?
Supper's upon the table.

Livia : Yes, we come.
[*Exit servant.*]
Will 't please you, gentlewoman ?

Bianca : Thanks, virtuous lady.
[*Aside to Livia.*]
Y' are a damn'd bawd ! [*Aloud.*] I'll follow you, forsooth.
Pray take my mother in. [*Aside to Livia.*] An old ass go with
[you !
[*Aloud.*]
This gentleman and I vow not to part.

Livia : Then get you both before.

Bianca : [*Aside.*] There lies his art.

Exeunt [Bianca and Guardiano].

Livia : Widow, I'll follow you. [*Exit mother.*]
Is 't so : " Damn'd bawd " !
Are you so bitter ? 'Tis but want of use ;
Her tender modesty is sea-sick a little,
Being not accustomed to the breaking billow
Of woman's wavering faith, blown with temptations.
'Tis but a qualm of honour, 'twill away ;
A little bitter for the time, but lasts not.
Sin tastes at the first draught like wormwood water,
But drunk again, 'tis nectar ever after.

Exit.

Entre un domestique

Livia : Eh bien, monsieur ?

Domestique : Si madame veut bien passer à table,
Le souper est servi.

Livia : Très bien, nous venons.
[*Le domestique sort.*]
S'il vous plaît, madame.

Bianca : Merci, vertueuse dame.
[*Bas, à Livia.*]
Maudite entremetteuse ! [*A haute voix.*] Je vous suis volontiers.
Conduisez ma mère. [*Bas, à Livia.*] Qu'une vieille mule
[t'accompagne !
[*A haute voix.*]
Ce gentilhomme et moi avons juré de ne plus nous séparer.

Livia : Eh bien, montrez-nous le chemin.

Bianca : [A part.] Il est orfèvre en la matière.

[Bianca et Guardiano] sortent.

Livia : Madame, je vous suis. [*La mère sort.*]
On en est donc là : « maudite entremetteuse » ?
Êtes-vous si amère ? C'est le manque d'habitude :
Sa pudeur trop sensible souffre du mal de mer
Car elle n'est pas rompue au ressac capricieux
De la fidélité des femmes ballottée au vent des tentations.
Ce n'est qu'un haut-le-cœur de son honneur, cela passera :
Un peu d'amertume vite dissipée.
Plus amer que l'absinthe est le premier péché,
Mais quand on y revient, c'est nectar au palais.

Elle sort.

Act III, scene 1

Enter Mother.

Mother : I would my son would either keep at home,
Or I were in my grave ; she was but one day abroad, but ever [since
She's grown so cutted, there's no speaking to her :
Whether the sight of great cheer at my lady's,
And such mean fare at home, work discontent in her,
I know not ; but I'm sure she's strangely alter'd.
I'll nev'r keep daughter-in-law i'th' house with me
Again, if I had an hundred : When read I of any
That agreed long together, but she and her mother
Fell out in the first quarter ! nay, sometime
A grudging or a scolding the first week by 'r Lady ;
So takes the new disease methinks in my house ;
I'm weary of my part, there's nothing likes her ;
I know not how to please her, here a-late ;
And here she comes.

Enter Bianca.

Bianca : This is the strangest house
For all defects, as ever gentlewoman
Made shift withal, to pass away her love in !
Why is there not a cushion-cloth of drawn work,
Or some fair cut-work pin'd up in my bed-chamber.
A silver and gilt casting-bottle hung by 't ?
Nay, since I am content to be so kind to you,
To spare you for a silver basin and ewer,
Which one of my fashion looks for of duty ;
She's never offered under, where she sleeps —

Mother : [*Aside.*] She talks of things here my whole state's [not worth.

Acte III, Scène 1

Entre la mère.

La Mère : Je voudrais que mon fils reste à la maison,
Ou être dans ma tombe ; elle n'est sortie qu'une fois, mais
[depuis ce jour,
Elle est si arrogante qu'on ne peut lui parler.
Est-ce la vue de si bonne table chez madame Livia
Et de si maigre chère ici qui l'a rendue envieuse, je ne sais,
Mais je suis sûre qu'elle est étrangement changée.
Jamais plus je ne vivrais avec une bru dans la maison,
Même si j'en avais une centaine. A-t-on jamais lu
Qu'une mère et sa bru vivent en bonne entente, sans que
[brouille
Ne vienne dans les trois mois ? Sans qu'il y ait parfois
Une querelle dès la première semaine.
La maladie en vogue [20] s'installe donc chez moi...
Je suis lasse de mon rôle : rien n'est à son goût ;
Depuis peu, je ne sais pas ce qui pourrait lui faire plaisir .
Mais la voici.

Entre Bianca.

Bianca : Par tout ce qui lui manque
Cette maison est bien la plus étrange dont noble dame
Dût jamais se contenter pour y passer le temps de ses amours.
Pourquoi n'y a-t-il pas de coussin en tissu ajouré,
Pas de jolie dentelle tendue au mur de ma chambre,
Ni de flacon à parfum en vermeil accroché à côté ?
Puisque j'ai la bonté de ne pas exiger
De vous la cuvette et l'aiguière d'argent
Que dame de mon rang est bien en droit d'attendre,
— On n'offre jamais moins — dans la chambre où elle dort, ...

La Mère : [*A part.*] Ces choses-là valent plus que tout ce que
[je possède.

Bianca : Never a green silk quilt is there i'th' house, Mother,
To cast upon my bed ?

Mother : No by troth is there,
Nor orange tawny neither.

Bianca : Here's a house
For a young gentlewoman to be got with child in.

Mother : Yes, simple though you make it, there has been [three
Got in a year in 't, since you move me to 't ;
And all as sweet-fac'd children, and as lovely,
As you'll be mother of ; I will not spare you :
What, cannot children be begot, think you,
Withou gilt casting-bottles ? Yes, and as sweet ones.
The miller's daughter brings forth as white boys,
As she that bathes herself with milk and bean flower.
'Tis an old saying, one may keep good cheer
In a mean house ; so may true love affect
After the rate of princes in a cottage.

Bianca : Troth, you speak wondrous well for your old house [here ;
'Twill shortly fall down at your feet to thank you,
Or stoop when you go to bed, like a good child
To ask your blessing. Must I live in want,
Because my fortune matched me with your son ?
Wives do not give themselves to husbands,
To the end to be quite cast away ; they look
To be the better us'd, and tender'd rather,
Highlier respected, and maintain'd the richer ;
They're well rewarded else for the free gift
Of their whole life to a husband. I ask less now
Than what I had at home when I was a maid,
And at my father's house, kept short of that
Which a wife knows she must have, nay, and will ;
Will mother, if she be not a fool born ;
And report went of me, that I could wrangle
For what I wanted when I was two hours old,

Bianca : N'y a-t-il pas, ma mère, une courtepointe
De soie verte à jeter sur mon lit ?

La Mère : Non, ma foi, il n'y en a pas
Et de pourpre [21] non plus !

Bianca : Voilà bien une maison
Pour que dame de qualité y attende un enfant !

La Mère : Mais oui : si insuffisante qu'elle soit à vos yeux
Trois enfants en un an y ont été conçus ;
Et je vous le dis puisque vous me provoquez,
Tous trois aussi mignons et adorables
Que ceux qui naîtront de vous. Je vous parlerai net :
Pensez-vous qu'on ne peut pas concevoir d'enfant
Sans flacon en vermeil ? Mais si, tout aussi beaux !
La fille du meunier met au monde d'aussi jolis garçons [22]
Que celle qui prend des bains de lait et de farine de fèves.
C'est un vieux dicton : « On peut être heureux
Dans une maison pauvre » ; et l'amour sincère
Peut vivre princièrement dans une masure.

Bianca : Vous prenez le parti de votre vieille maison avec [grande éloquence :
Elle ne tardera pas à tomber à vos pieds pour vous remercier,
Ou à s'incliner bien bas, en enfant sage, à l'heure du coucher,
Pour demander votre bénédiction. Dois-je vivre dans le besoin
Parce que la fortune m'a fait épouser votre fils ?
Les femmes ne se donnent pas à leur mari
Afin d'être mises au rebut. Elles entendent
Être mieux traitées, chéries avec tendresse,
Entourées de respect, et entretenues plus richement ;
Sinon, les voilà bien récompensées pour le don libéral
De toute une vie qu'elles font à leur mari ! Je demande moins
Que ce que j'avais chez moi, quand j'étais jeune fille
Dans la maison de mon père. Je suis privée
De ce que toute épouse sait bien être son dû ; ce qu'elle exige
Je dis bien, exige, si elle n'est pas née idiote. On dit
Que deux heures après ma naissance, je savais quereller
Pour obtenir ce que je voulais. C'est là un domaine

And by the copy, this land still I hold.
You hear me, Mother. *Exit.*

Mother : Ay, too plain, methinks ;
And were I somewhat deafer when you spake,
'Twere nev'r a whit the worse for my quietness.
'Tis the most sudden'st, strangest alteration,
And the most subtilest that ev'r wit at threescore
Was puzzled to find out. I know no cause for 't ; but
She's no more like the gentlewoman at first,
Than I am like her that nev'r lay with man yet,
And she's a very young thing where'er she be ;
When she first lighted here, I told her then
How mean she should find all things ; she was pleas'd forsooth,
None better. I laid open all defects to her,
She was contented still ; but the devil's in her,
Nothing contents her now. Tonight my son
Promised to be at home ; would he were come once,
For I'm weary of my charge, and life too.
She'd be serv'd all in silver by her good will,
By night and day ; she hates the name of pewter,
More than sick men the noise, or diseas'd bones
That quake at fall o'th' hammer, seeming to have
A fellow-feeling with't at every blow.
What course shall I think on ? She frets me so.

Enter Leantio *.

Leantio : How near am I now to a happiness,
That earth exceeds not ? Not another like it ;
The treasures of the deep are not so precious,
As are the conceal'd comforts of a man,
Locked up in woman's love. I scent the air
Of blessings when I come but near the house ;
What a delicious breath marriage sends forth !
The violet-bed's not sweeter. Honest wedlock
Is like a banqueting house built in a garden,

*. J. R. Mulryne suit Oliphant en introduisant ici une nouvelle scène. Le texte de l'octavo n'indique aucune sortie ni entrée pour la Mère ni pour Bianca qui sans doute restent présentes à l'arrière de la scène pendant le monologue de Léantio.

Dont la propriété ne m'échappera pas [23].
M'entendez-vous bien, ma mère ?

Elle sort.

La Mère : Que trop bien, je crois,
Et si j'avais été un peu plus dure d'oreille,
Ma tranquillité ne s'en porterait pas plus mal.
C'est la transformation la plus soudaine, la plus étrange,
Et la plus perverse qui jamais étonna
Femme de soixante ans. Et sans raison que je sache !
Mais elle n'est pas plus la dame de naguère,
Que je ne suis la pucelle qui n'a connu aucun homme.
Et quoi qu'il en soit, elle est encore bien jeune.
Quand elle est arrivée, je lui ai dit la médiocrité
De ce qui l'attendait ; cela lui convenait,
Tout était pour le mieux. Je n'ai pas caché tout ce qui [manquait,
Elle n'était pas moins satisfaite ; mais le diable est en elle
Et plus rien ne la satisfait. Ce soir mon fils
A promis d'être à la maison : je voudrais qu'il soit déjà ici,
Car je suis lasse de garder cette femme, et lasse aussi de la vie.
A l'entendre, il faudrait la servir dans de la vaisselle d'argent
Jour et nuit ; l'étain lui fait horreur comme au malade
Les signes avant-coureurs de la mort, ou au bras douloureux,
Chacun des coups du marteau qu'il brandit
Et dont il croit subir le choc. Quel parti prendre ?
A cause d'elle, je me ronge les sangs.

Entre Léantio.

Léantio : Me voici tout près d'un bonheur sans égal
En ce monde. Pour un homme, le fond des mers
Ne recèle pas de trésor plus précieux que les plaisirs secrets
Jalousement celés dans l'amour d'une femme.
Il me suffit d'approcher la maison
Pour sentir le parfum de toutes les grâces.
Quel souffle délicieux exhale le mariage ! La senteur
De la violette n'est pas plus suave. Une union honnête
Est comme un pavillon construit dans un jardin [24],

On which the spring's chaste flowers take delight
To cast their modest odours ; when base lust
With all her powders, paintings, and best pride,
Is but a fair house built by a ditch-side.
When I behold a glorious dangerous strumpet,
Sparkling in beauty and destruction too,
Both at a twinkling, I do liken straight
Her beautified body to a goodly temple
That's built on vaults where carcasses lie rotting ;
And so by little and little, I shrink back again,
And quench desire with a cool meditation ;
And I'm as well, methinks. Now for a welcome
Able to draw men's envies upon man ;
A kiss now that will hang upon my lip,
As sweet as morning dew upon a rose
And full as long. After a five day's fast
She'll be so greedy now, and cling about me,
I take care how I shall be rid of her ;
And here't begins.

Bianca : Oh sir, y' are welcome home.

Mother : Oh is he come ? I'm glad on 't.

Leantio : Is that all ?
Why this ? As dreadful now as sudden death
To some rich man, that flatters all his sins
With promise of repentance when he's old,
And dies in the midway before he comes to 't.
Sure, y' are not well, Bianca ! How dost, prithee ?

Bianca : I have been better than I am at this time.

Leantio : Alas, I thought so.

Bianca : Nay, I have been worse too,
Than now you see me, sir.

Leantio : I'm glad thou mend'st yet,
I feel my heart mend too. How came it to thee ?
Has anything disliked thee in my absence ?

Où les fleurs virginales du printemps se délectent
A répandre leurs chastes effluves ; alors que la débauche vile
Dans toute la gloire de ses fards et de ses onguents
N'est qu'une belle demeure sur un ruisseau fétide.
Quand je vois une catin splendide et dangereuse,
Je compare aussitôt ce corps,
Étincelant à la fois de beauté et de menace
A un temple superbe bâti sur des caveaux
Où pourissent des cadavres ;
Ainsi, peu à peu, je sens que mes désirs mollissent
Et s'éteignent, glacés par la méditation ; et je crois
Que je m'en porte mieux. Et maintenant, allons à la rencontre
D'un accueil qui me vaudrait l'envie de tous les hommes :
Un baiser qui s'attardera sur ma lèvre
Longuement, aussi suave que, sur la fleur,
La rosée du matin ; après cinq jours de jeûne
Elle sera si affamée, elle s'accrochera tant à moi,
Je ne sais comment je pourrai me débarrasser d'elle.
Mais nous y voici.

Bianca : Ah, la bienvenue, monsieur.

La Mère : Le voici de retour ? J'en suis bien aise.

Léantio : Est-ce tout ?
Qu'est-ce là qui me frappe, aussi terrible qu'une mort subite
Pour le riche qui flatte ses péchés avec la promesse
De se repentir en son vieil âge, et qui meurt
Avant d'avoir parcouru la moitié du chemin.
Assurément, tu n'es pas bien, Bianca. Comment vas-tu, [dis-moi ?

Bianca : J'ai connu des jours meilleurs.

Léantio : Hélas, je le craignais.

Bianca : Mais j'ai aussi été plus mal
Que vous me voyez, monsieur.

Léantio : Je me réjouis que tu ailles [mieux,
Mon cœur s'en porte mieux aussi. Comment ce mal est-il [venu ?
Quelque chose t'a-t-il déplu en mon absence ?

Bianca : No, certain, I have had the best content
That *Florence* can afford.

Leantio : Thou makest the best on 't ;
Speak mother, what's the cause ? You must needs know.

Mother : Troth, I know none, son, let her speak herself,
— Unless it be the same gave Lucifer
A tumbling cast ; that's pride.

Bianca : Methinks this house stands nothing to my mind ;
I'd have some pleasant lodging i'th' high street, sir,
Or if 'twere near the Court, sir, that were much better ;
'Tis a sweet recreation for a gentlewoman,
To stand in a bay-window, and see gallants.

Leantio : Now I have another temper, a mere stranger
To that of yours, it seems ; I should delight
To see none but yourself.

Bianca : I praise not that :
Too fond is as unseemly as too churlish ;
I would not have a husband of that proneness
To kiss me before company, for a world.
Beside, 'tis tedious to see one thing still, sir,
Be it the best that ever heart affected ;
Nay, were 't yourself, whose love had power you know
To bring me from my friends, I would not stand thus,
And gaze upon you always ; troth, I could not, sir.
As good be blind, and have no use of sight
As look on one thing still : what's the eye's treasure,
But change of objects ? You are learned, sir,
And know I speak not ill ; 'tis full as virtuous
For woman's eye to look on several men,
As for her heart, sir, to be fixed on one.

Leantio : Now thou com'st home to me ; a kiss for that [word.

Bianca : No matter for a kiss, sir, let it pass ;
'Tis but a toy, we'll not so much as mind it.

Bianca : Non, vraiment. J'ai connu plaisir aussi vif
Que puisse me donner *Florence.*

Léantio : Tu sais en tirer le meilleur parti...
Parlez, ma mère, qu'y a-t-il ? Vous devez le savoir.

La Mère : Vraiment, c'est à elle de dire, mon fils : je ne vois [rien,...
Si ce n'est cette cause même qui précipita
La chute de Lucifer : son orgueil !

Bianca : Je ne fais pas grand cas de cette maison :
Il serait agréable d'être logé dans la grand-rue, monsieur,
Ou tout près de la Cour, ce serait beaucoup mieux.
C'est un plaisant divertissement pour une gente dame
De voir passer les galants depuis une large baie vitrée.

Léantio : Je suis de toute autre disposition, et rien
Ne m'est plus étranger. Moi, je serais ravi de ne voir
Personne d'autre que vous.

Bianca : Cela ne me plaît pas :
Trop de tendresse est aussi malséant que trop de sauvagerie ;
Je n'aimerais pas, pour tout l'or du monde, avoir un mari
Qui voudrait m'embrasser devant les gens. De plus,
Il est assommant de voir toujours la même chose,
Fût-ce l'objet le plus cher à son cœur ;
Même si c'était vous, dont l'amour
Sut m'arracher à mes amis, je ne voudrais pas rester ainsi
A vous contempler sans cesse : je ne le pourrais pas.
Autant vaudrait être aveugle et avoir perdu l'usage de ses yeux
Que de regarder toujours la même chose. L'œil peut-il jouir
D'autre chose que de la nouveauté ? Vous êtes savant, [monsieur,
Et savez qu'il n'y a pas de mal à cela. Il est autant de vertu
Dans l'œil d'une femme qui regarde plusieurs hommes
Que dans son cœur qui s'attache à un seul.

Léantio : Voilà des mots plus proches de mon âme ! Un [baiser pour ces paroles.

Bianca : Cela ne vaut pas tant ! Oublions-le :
Ne prêtons pas attention à si simple bagatelle.

Let's talk of other business, and forget it.
What news now of the pirates, any stirring?
Prithee discourse a little.

Mother : [*Aside.*] I am glad he's here yet
To see her tricks himself; I had lied monstrously,
If I had told them first.

Leantio : Speak, what's the humour, sweet,
You make your lip so strange? This was not wont.

Bianca : Is there no kindness betwixt man and wife,
Unless they make a pigeon-house of friendship,
And be still billing? 'Tis the idlest fondness
That ever was invented, and 'tis pity
It's grown a fashion for poor gentlewomen;
There's many a disease kissed in a year by 't,
And a French curtsy made to 't. Alas, sir,
Think of the world, how we shall live; grow serious:
We have been married a whole fortnight now.

Leantio : How? A whole fortnight! Why, is that so long?

Bianca : 'Tis time to leave off dalliance; 'tis a doctrine
Of your own teaching, if you be remembered,
And I was bound to obey it.

Mother : [*Aside.*] Here's one fits him;
This was well catched i' faith, son, like a fellow
That rids another country of a plague,
And brings it home with him to his own house.

Knock within.

Who knocks?

Leantio : Who's there now? Withdraw you, Bianca,
Thou art a gem no stranger's eye must see,
Howev'r thou please now to look dull on me.

Exit [Bianca]. Enter Messenger.

Y' are welcome, sir; to whom your business, pray?

Messenger : To one I see not here now.

Laissons cela et parlons d'autres affaires.
Que dit-on des pirates [25] ? Y a-t-il du nouveau ?
Allons, raconte un peu.

La Mère : [*A part.*] Je suis heureuse qu'il la voie à l'œuvre
Dans ses manigances. J'aurais passé pour menteuse éhontée
Si j'en avais parlé la première.

Léantio : Dis-moi, qu'as-tu donc, ma douce,
A garder tes lèvres si distantes ? Ce n'était pas ta coutume.

Bianca : Ne peut-il y avoir de tendresse entre mari et femme,
Sans qu'ils fassent de la maison un colombier
Et ne cessent de se bécoter ? A-t-on jamais inventé
Penchant plus frivole ? Il est bien fâcheux
Que les dames de qualité sans fortune y sacrifient.
Combien d'infirmités se répandent ainsi
En un an de baisers et de minauderies [26]. Hélas, monsieur,
Songez à ce monde et aux moyens d'y vivre. Rangez-vous :
Quinze jours ont passé depuis notre mariage.

Léantio : Quoi, quinze jours ? est-ce si long ?

Bianca : Il est temps de cesser ces badinages. Souvenez-vous,
Ce sont des préceptes que vous m'avez enseignés vous-même,
Et mon devoir était d'obéir.

La Mère : [*A part.*] Il ne l'a pas volé.
Te voici justement infecté, mon fils, comme celui
Qui ayant délivré un pays de la peste,
La ramène avec lui dans sa propre maison.

On frappe.

Qui frappe ?

Léantio : Qui cela peut-il être ? Retire-toi, Bianca,
Tu es un joyau que nul étranger ne doit voir,
Même si tu préfères éteindre tes feux pour moi.

[Elle] sort. *Entre le messager.*

Soyez le bienvenu, monsieur ; à qui voulez-vous parler ?

Le messager : A quelqu'un que je ne vois pas ici.

Leantio : Who should that be, sir?

Messenger : A young gentlewoman I was sent to.

Leantio : A young gentlewoman?

Messenger : Ay, sir, about sixteen.
Why look you wildly, sir?

Leantio : At your strange error:
Y' have mistook the house, sir. There's none such here,
I assure you.

Messenger : I assure you too,
The man that sent me cannot be mistook.

Leantio : Why, who is't sent you, sir?

Messenger : The Duke.

Leantio : The Duke?

Messenger : Yes, he entreats her company at a banquet
At Lady Livia's house.

Leantio : Troth, shall I tell you, sir,
It is the most erroneous business
That e'er your honest pains was abused with.
I pray forgive me, if I smile a little,
I cannot choose i' faith, sir, at an error
So comical as this (I mean no harm, though).
His grace has been most wondrous ill informed,
Pray so return it, sir. What should her name be?

Messenger : That I shall tell you straight too: Bianca [Capella.

Leantio : How sir, Bianca? What do you call th' other?

Messenger : Capella. Sir, it seems you know no such then?

Leantio : Who should this be? I never heard o'th' name.

Messenger : Then 'tis a sure mistake.

Léantio : Qui donc, monsieur ?

Le messager : Une jeune dame à qui on m'envoie.

Léantio : Une jeune dame ?

Le messager : Oui, monsieur, d'environ seize ans.
Pourquoi ce regard farouche ?

Léantio : A cause de votre erreur étrange :
Vous vous êtes trompé de maison : il n'y a personne ici
Qui réponde à votre description, je vous assure.

Le messager : Je vous assure aussi
Que celui qui m'envoie ne peut s'être trompé.

Léantio : Qui donc vous envoie, monsieur ?

Le messager : Le Duc.

Léantio : Le Duc ?

Le messager : Oui, il la prie d'assister à un banquet
Chez madame Livia.

Léantio : Ah, je vois, monsieur,
Qu'on aura abusé de votre dévouement
En vous envoyant ici par erreur.
Pardonnez-moi de sourire. Comment s'en empêcher
devant une méprise aussi comique ?
Mais ne voyez aucun mal à cela.
Sa Grâce a été étrangement mal renseignée.
Dites-le lui, je vous prie. Comment s'appellerait cette dame ?

Le messager : Je peux vous le dire sans hésitation : Bianca
[Capella.

Léantio : Bianca, dites-vous ? Quel autre nom avez-vous dit ?

Le messager : Capella. Ainsi, ce nom ne vous dit rien ?

Léantio : Qui cela peut-il être ? Je n'ai jamais entendu ce
[nom.

Le messager : C'est évidemment une erreur.

Leantio : What if you enquir'd
In the next street, sir ? I saw gallants there
In the new houses that are built of late.
Ten to one, there you find her.

Messenger : Nay, no matter,
I will return the mistake, and seek no further.

Leantio : Use your own will and pleasure, sir, y' are welcome. *Exit messenger.*
What shall I think of first ? Come forth, Bianca !
Enter Bianca.
Thou art betrayed, I fear me.

Bianca : Betrayed ! How, sir ?

Leantio : The Duke knows thee.

Bianca : Knows me ! How know you that, sir ?

Leantio : H'as got your name.

Bianca : [*Aside.*] Ay, and my good name too,
That's worse o'th' twain.

Leantio : How comes this work about ?

Bianca : How should the Duke know me ? can you guess, [mother ?

Mother : Not I with all my wits, sure we kept house close.

Leantio : Kept close ! Not all the locks in Italy
Can keep you women so ; you have been gadding,
And ventur'd out at twilight, to th' court-green yonder,
And met the gallant bowlers coming home ;
Without your masks too, both of you, I'll be hang'd else !
Thou hast been seen, Bianca, by some stranger ;
Never excuse it.

Léantio : Et si vous demandiez
Dans la rue voisine, monsieur ? J'y ai vu des galants
Dans les nouvelles maisons qui viennent de se construire.
Je parie dix contre un que vous l'y trouverez.

Le messager : Bah, cela ne fait rien,
Je vais dire qu'on s'est trompé et en rester là.

Léantio : Comme il vous plaira, monsieur ; vous êtes le [bienvenu.

Le messager sort.

Par quoi commencer ? Approche, Bianca !

Bianca entre.

Tu es trahie, je le crains.

Bianca : Trahie ! Comment cela, monsieur ?

Léantio : Le Duc te connaît.

Bianca : Il me connaît ! Comment le savez-vous ?

Léantio : Il a réussi à obtenir ton nom.

Bianca : [*A part.*] Oui, et ma bonne renommée avec,
Et c'est bien cela le pire.

Léantio : Comment se peut-il ?

Bianca : Comment le Duc me connaîtrait-il ? Avez-vous [idée, ma mère ?

La Mère : J'ai beau chercher, je ne vois pas. Nous sommes [restées confinées.

Léantio : Confinées ! Toutes les serrures d'Italie ne suffi- [raient pas
A vous confiner, vous autres femmes. Vous aurez baguenaudé,
Vous vous serez aventurées au crépuscule jusqu'au boulingrin
Et aurez croisé les freluquets joueurs de boules qui en [revenaient [27] ;
Et sans même mettre vos masques, je veux bien être pendu.
Quelqu'étranger t'a vue, Bianca.
Ne te cherche pas d'excuse.

Bianca : I'll not seek the way, sir ;
Do you think y' have married me to mew me up
Not to be seen ? What would you make of me ?

Leantio : A good wife, nothing else.

Bianca : Why, so are some
That are seen ev'ry day, else the Devil take 'em.

Leantio : No more then, I believe all virtuous in thee,
Without an argument ; 'twas but thy hard chance
To be seen somewhere, there lies all the mischief ;
But I have devised a riddance.

Mother : Now I can tell you, son,
The time and place.

Leantio : When, where ?

Mother : What wits have I ?
When you last took your leave, if you remember,
You left us both at window.

Leantio : Right, I know that.

Mother : And not the third part of an hour after,
The Duke passed by in a great solemnity,
To St. Mark's temple, and to my apprehension
He looked up twice to th' window.

Leantio : Oh there quickened
The mischief of this hour !

Bianca : [*Aside.*] If you call 't mischief,
It is a thing I fear I am conceived with.

Leantio : Looked he up twice, and could you take no [warning !

Mother : Why, once may do as much harm, son, as a [thousand ;
Do not you know one spark has fired a house,
As well as a whole furnace ?

Bianca : Je n'essaierai même pas, monsieur :
Croyez-vous m'avoir épousée pour me claquemurer
A l'abri des regards ? Que pensez-vous faire de moi ?

Léantio : Une bonne épouse, rien de plus.

Bianca : Sont bonnes épouses certaines
Que l'on voit tous les jours, sinon que le diable les emporte !

Léantio : Et bien, suffit, je ne dispute plus et te crois
Vertueuse en tout. Tu as eu la malchance
D'être vue quelque part, c'est là tout le malheur.
Mais j'ai une idée pour sortir de là.

La Mère : Je peux vous dire, mon fils,
L'heure et le lieu.

Léantio : Où ? Quand ?

La Mère : Ma pauvre tête !
Quand vous êtes parti, si vous vous souvenez,
Nous étions toutes deux à la fenêtre.

Léantio : Oui, c'est vrai, je sais.

La Mère : Et à peine vingt minutes plus tard,
Le Duc est passé à la tête d'un cortège solennel
Qui se rendait à Saint-Marc, et à mon grand effroi,
Il a, deux fois, levé les yeux vers la fenêtre.

Léantio : Ah, cette minute
A engendré tout le malheur qui nous frappe.

Bianca : [*A part.*] Engendré, dites-vous ?
Je crains bien, en effet, d'en porter les fruits.

Léantio : Il a levé les yeux deux fois, et vous êtes restées ?

La Mère : Une seule fois peut faire autant de dégâts que
[mille :
Vous le savez, une unique étincelle peut incendier la maison,
Aussi bien qu'une fournaise ardente.

Leantio : My heart flames for 't;
Yet let's be wise, and keep all smothered closely;
I have bethought a means : is the door fast?

Mother : I locked it myself after him.

Leantio : You know, mother,
At the end of the dark parlour there's a place
So artificially contrived for a conveyance,
No search could ever find it. When my father
Kept in for manslaughter, it was his sanctuary.
There will I lock my life's best treasure up.
Bianca?

Bianca : Would you keep me closer yet?
Have you the conscience? Y' are best ev'n choke me up, sir!
You make me fearful of your health and wits,
You cleave to such wild courses. What's the matter?

Leantio : Why, are you so insensible of your danger
To ask that now? The Duke himself has sent for you
To Lady Livia's, to a banquet forsooth.

Bianca : Now I beshrew you heartily, has he so!
And you the man would never yet vouchsafe
To tell me on 't till now. You show your loyalty
And honesty at once; and so farewell, sir.

Leantio : Bianca, whither now?

Bianca : Why, to the Duke, sir :
You say he sent for me.

Leantio : But thou dost not mean
To go, I hope.

Bianca : No? I shall prove unmannerly,
Rude, and uncivil, mad, and imitate you.

Léantio : C'est mon cœur qui est la proie des [flammes ;
Soyons avisés et cachons la braise sous la cendre.
J'ai pensé à un moyen. La porte est-elle bien fermée ?

La Mère : J'ai moi-même tourné la clef après son départ.

Léantio : Vous savez, ma mère,
Qu'au bout du petit salon sans fenêtre, il y a un passage [aménagé
Avec un art si consommé qu'aucune fouille
Ne le saurait découvrir. Quand mon père dut se cacher
Alors qu'on l'accusait de meurtre, ce fut son asile.
C'est là que j'enfermerai le trésor de ma vie.
Bianca ?

Bianca : Voudriez-vous me confiner encore plus étroite- [ment ?
En auriez-vous le front ? Mieux vaut encore m'étouffer, [monsieur !
Je crains pour votre santé et pour votre raison
Quand vous prenez de si violents partis. Pourquoi tout ceci ?

Léantio : Ne voyez-vous donc pas le danger qui vous guette
Que vous le demandiez ? Le Duc en personne vous convie
Chez madame Livia, et pour une collation [28], en plus.

Bianca : Ah, la peste soit de vous ! En est-il ainsi,
Et vous, le grand monsieur, ne daignez même pas
M'en faire part. Voilà bien à la fois votre loyauté
Et votre honnêteté. Sur ce, adieu, monsieur.

Léantio : Bianca, où vas-tu ?

Bianca : Mais, rejoindre le Duc, monsieur,
Vous dites qu'il me convie.

Léantio : J'espère bien que tu n'as pas l'intention
De t'y rendre.

Bianca : Ah non ? Pour me montrer grossière,
Rustre, discourtoise, démente, à votre exemple ?

Come, Mother, come, follow his humour no longer,
We shall be all executed for treason shortly.

Mother : Not I, i' faith. I'll first obey the Duke,
And taste of a good banquet : I'm of thy mind.
I'll step but up, and fetch two handkerchiefs
To pocket up some sweetmeats, and o'ertake thee.

Exit.

Bianca : [*Aside.*] Why, here's an old wench would trot into [a bawd now,
For some dry sucket, or a colt in marchpane.

Exit.

Leantio : Oh thou the ripe time of man's misery, wedlock,
When all his thoughts like overladen trees
Crack with the fruits they bear, in cares, in jealousies.
Oh that's a fruit that ripens hastily,
After 'tis knit to marriage ; it begins
As soon as the sun shines upon the bride
A little to shew colour. Blessed powers,
Whence comes this alteration ? The distractions,
The fears and doubts it brings are numberless,
And yet the cause I know not. What a peace
Hath he that never marries ! If he knew
The benefit he enjoyed, or had the fortune
To come and speak with me, he should know then
The infinite wealth he had, and discern rightly
The greatness of his treasure by my loss.
Nay, what a quietness has he 'bove mine
That wears his youth out in a strumpet's arms,
And never spends more care upon a woman
Than at the time of lust ; but walks away,
And if he find her dead at his return,
His pity is soon done : he breaks a sigh
In many parts, and gives her but a piece on 't !
But all the fears, shames, jealousies, costs and troubles,
And still renewed cares of a marriage bed
Live in the issue, when the wife is dead.

Venez, ma mère, venez, ne vous pliez plus à ses humeurs,
Nous serons bientôt pendues pour trahison.

La Mère : Très peu pour moi, vraiment : plutôt obéir au Duc,
Et profiter de cette bonne collation : je suis d'accord avec toi.
Je monte un instant chercher deux mouchoirs
Pour empocher quelques friandises, et je te rattrape.
Elle sort.

Bianca : [*A part.*] Et voilà une vieille qui brûle de se faire [maquerelle
Pour quelques fruits confits ou un cheval en pain d'épice.
Elle sort.

Léantio : Oh mariage ! saison où l'homme voit mûrir les [fruits
De sa misère ; où toutes ses pensées, comme des arbres [surchargés,
Se brisent sous le poids des soucis et des jalousies.
Oh, ce sont là fruits hâtifs qui sont mûrs
Bien tôt après les épousailles. Dès que le soleil
Réchauffe de ses rayons la jeune épousée,
Ils commencent à prendre couleur. Oh, Puissances célestes,
D'où vient pareille altération ? Les égarements,
Les craintes et les doutes qu'il porte sont innombrables ;
Pourtant je n'y vois nulle cause. Quelle sérénité
Connaît celui qui ne se marie pas ! S'il savait
De quel privilège il jouit, ou s'il avait la chance
De venir me parler, il saurait alors que sa richesse
Est infinie, et il verrait dans l'immensité de ma perte
La vraie grandeur du trésor qui est le sien.
Sa vie est tellement plus paisible, pour celui dont la jeunesse
Se consume dans les bras d'une catin,
Lui qui ne se soucie d'aucune femme
Que le temps de son plaisir, et puis s'en va.
Si à son retour, il la trouve morte,
Le deuil ne dure guère : sa douleur éclatée,
Il lui en donne une simple parcelle !
Mais toutes les craintes, les hontes, les jalousies, les dépenses,
Les ennuis et les soucis toujours nouveaux du lit conjugal,
Renaissent dans la lignée après la mort de l'épouse.

Enter Messenger.

Messenger : A good perfection to your thoughts.

Leantio : The news, sir ?

Messenger : Though you were pleased of late to pin an error [on me,
You must not shift another in your stead too :
The Duke has sent me for you.

Leantio : How, for me, sir ?

[*Aside.*]

I see then 'tis my theft ; w' are both betrayed.
Well, I'm not the first has stol'n away a maid,
My countrymen have used it. I'll along with you, sir.

[*Exeunt.*]

Act III, Scene 2

A Banquet prepared.
Enter Guardiano and Ward.

Guardiano : Take you especial note of such a gentlewoman,
She's here on purpose ; I have invited her,
Her father, and her uncle, to this banquet.
Mark her behaviour well, it does concern you ;
And what her good parts are, as far as time
And place can modestly require a knowledge of,
Shall be laid open to your understanding.
You know I'm both your guardian and your uncle :
My care of you is double, ward and nephew,
And I'll express it here.

Ward : Faith, I should know her
Now by her mark among a thousand women :
A little, pretty, deft and tidy thing, you say.

Guardiano : Right.

Entre le messager.

Messager : Que votre méditation soit fructueuse, monsieur !

Léantio : Quelle nouvelle, monsieur ?

Messager : Il vous a plu, tout à l'heure, de m'abuser,
Mais ne m'envoyez pas maintenant en quête d'un autre :
C'est vous que le Duc me fait quérir.

Léantio : Comment, moi, monsieur ?
[*A part.*]
C'est donc cet enlèvement ; nous sommes tous deux trahis
Bah, je ne suis pas le premier qui enlève une fille.
L'usage est fréquent à Florence. Je vous suis, monsieur.
[*Ils sortent.*]

Acte III, Scène 2

Une collation est servie.
Entrent Guardiano et le Pupille.

Guardiano : Observe tout particulièrement cette dame :
C'est pour cela que je l'ai invitée
Avec son père et son oncle à cette collation.
Étudie ses manières, cela te concerne :
Pour autant que le lieu et les circonstances l'autorisent
Sans offenser la pudeur, tous ses avantages
Seront dévoilés à ton discernement.
Tu sais que je suis à la fois ton tuteur et ton oncle :
L'intérêt que je te porte, mon pupille et neveu, est double,
Et je le montrerai en cette affaire.

Le Pupille : A cette marque de distinction,
Je saurai la reconnaître entre mille femmes :
Un joli petit brimborion tout pimpant, dites-vous ?

Guardiano : C'est cela.

Ward : With a lusty sprouting sprig in her hair.

Guardiano : Thou goest the right way still ; take one mark [more :
Thou shalt nev'r find her hand out of her uncle's,
Or else his out of hers, if she be near him.
The love of kin'red never yet stuck closer
Than theirs to one another ; he that weds her
Marries her uncle's heart too. *Cornets.*

Ward : Say you so, sir ?
Then I'll be asked i'th' church to both of them.

Guardiano : Fall back, here comes the Duke.

Ward : He brings a gentlewoman,
I should fall forward rather.

Enter Duke, Bianca, Fabritio, Hippolito, Livia, Mother, Isabella, and attendants.

Duke : Come, Bianca,
Of purpose sent into the world to show
Perfection once in woman ; I'll believe
Henceforward they have ev'ry one a soul too
'Gainst all the uncourteous opinions
That man's uncivil rudeness held of' em
Glory of Florence, light into mine arms !

Enter Leantio.

Bianca : Yon comes a grudging man will chide you, sir.
The storm is now in's heart, and would get nearer,
And fall here if it durst ; it pours down yonder.

Le Pupille : Avec dans ses cheveux une aigrette gaillarde-
[ment dressée ?

Guardiano : C'est cela même. Observe bien une autre marque
[encore :
Tu trouveras toujours sa main dans celle de son oncle,
Ou la main de son oncle dans la sienne, quand ils sont
[ensemble.
L'amour familial n'a jamais réuni parents
Aussi étroitement que ces deux-là. Celui qui l'épousera
Épousera aussi le cœur de son oncle. *Fanfare.*

Le Pupille : Vraiment, monsieur ?
C'est donc à tous les deux que je serai uni à l'église.

Guardiano : Arrière, voici le Duc !

Le Pupille : Il conduit une dame :
En avant toutes, plutôt !

Entrent le Duc, Bianca, Fabritio, Hippolito, Livia, la mère, Isabella et la suite.

Le Duc. : Viens, Bianca,
Toi qui fus envoyée tout exprès pour révéler au monde
L'unique incarnation de la perfection féminine.
Je croirai désormais que toute femme a une âme,
Contrairement à l'opinion fruste et discourtoise
Qu'inspire aux hommes leur propre grossièreté.
Gloire de Florence, viens dans mes bras !

Entre Léantio.

Bianca : Là-bas s'avance un homme plein de dépit, qui
[s'apprête à gronder, monsieur.
L'orage qui sévit dans son cœur cherche à se rapprocher
Et s'abattrait ici, s'il l'osait. L'averse fait rage là-bas.

Duke : If that be he, the weather shall soon clear.
List, and I'll tell thee how. [*Whispers to her.*]

Leantio : [*Aside.*] A-kissing too ?
I see 'tis plain lust now, adultery bold'ned.
What will it prove anon, when 'tis stuffed full
Of wine and sweetmeats, being so impudent fasting ?

Duke : [*To Leantio.*] We have heard of your good parts, sir,
[which we honour
With our embrace and love. Is not the captainship
Of Rouans citadel since the late deceased,
Supplied by any yet ?

Gentleman : By none, my lord.

Duke : [*To Leantio.*] Take it, the place is yours, then ; and [as
faithfulness
And desert grows, our favour shall grow with 't :
Rise now, the Captain of our fort at Rouans.

Leantio : The service of a whole life give your grace thanks.

Duke : Come sit, Bianca.

Leantio : [*Aside.*] This is some good yet,
And more than ev'r I looked for ; a fine bit
To stay a cuckold's stomach. All preferment
That springs from sin and lust, it shoots up quickly,
As gardeners' crops do in the rotten'st grounds :
So is all means raised from base prostitution,
Ev'n like a sallet growing upon a dunghill.
I'm like a thing that never was yet heard of,
Half merry and half mad, much like a fellow
That eats his meat with a good appetite,
And wears a plague-sore that would fright a country ;
Or rather like the barren, hard'ned ass
That feeds on thistles till he bleeds again ;
And such is the condition of my misery.

Livia : Is that your son, widow ?

Le Duc : Si c'est lui, le temps va bientôt se lever.
Écoute, je vais te dire. [*Il murmure à son oreille.*]

Léantio : [*A part.*] Et ils s'embrassent même !
C'est donc maintenant luxure et adultère éhontés.
Si impudents à jeun, qu'en sera-t-il tout à l'heure,
Quand ils seront repus de vin et de douceurs ?

Le Duc : [*A Léantio.*] L'on nous a parlé de vos mérites,
[monsieur, et nous les honorons de notre accolade
Et de notre amitié. A-t-on pourvu le commandement
De notre citadelle de Rouans [29] depuis la mort de son
[capitaine ?

Un gentilhomme : Non, monseigneur.

Le Duc : [*A Léantio.*] Alors, prenez-en la charge : ce poste
[vous revient. Votre fidélité
Et vos mérites verront grandir nos faveurs.
Relevez-vous, Capitaine de notre citadelle de Rouans.

Léantio : Que le service de toute une vie témoigne ma
[reconnaissance à votre grâce.

Le Duc : Viens prendre place, Bianca.

Léantio : [*A part.*] C'est là une compensation
Qui dépasse mes espérances ; un morceau de choix
Pour calmer un estomac de cocu. L'avancement
Qui prend racine dans le péché et la luxure pousse dru,
Comme légumes sur les sols les plus décomposés :
Les avantages que l'on plante sur la prostitution
Croissent comme salades sur un tas de fumier.
Je suis une chose inouïe : mi-heureux, mi-furieux,
Comme celui qui dévore son repas de grand appétit,
Tout couvert qu'il est de plaies purulentes
A en épouvanter le pays tout entier ;
Ou plutôt comme le baudet stupide et racorni
Qui mange des chardons à mettre son museau en sang.
Et telle est bien ma misère.

Livia : Est-ce là votre fils, madame ?

Mother : Yes, did your ladyship
Never know that till now?

Livia : No, trust me, did I.
[*Aside.*]
Nor ever truly felt the power of love
And pity to a man, till now I knew him.
I have enough to buy me my desires,
And yet to spare ; that's one good comfort. [*To Leantio.*] Hark [you,
Pray let me speak with you, sir, before you go.

Leantio : With me, lady? You shall, I am at your service.
[*Aside.*]
What will she say now, trow? More goodness yet?

Ward : I see her now, I'm sure. The ape's so little,
I shall scarce feel her. I have seen almost as tall as she, sold in the fair for ten pence. See how she simpers it, as if marmalade would not melt in her mouth. She might have the kindness i' faith, to send me a gilded bull from her own trencher, a ram, a goat, or somewhat to be nibbling. These women, when they come to sweet things once, they forget all their friends, they grow so greedy, — nay, oftentimes their husbands.

Duke : Here's a health now, gallants,
To the best beauty at this day in Florence.

Bianca : Whoe'er she be, she shall not go unpledged, sir.

Duke : Nay, you 're excused for this.

Bianca : Who, I, my lord?

Duke : Yes, by the law of Bacchus : plead your benefit.
You are not bound to pledge your own health, lady.

Bianca : That's a good way, my lord, to keep me dry.

Duke : Nay, then I will not offend Venus so much ;
Let Bacchus seek his 'mends in another court.
Here's to thyself, Bianca.

La Mère : Oui, madame. Votre Seigneurie
Ne le connaissait pas ?

Livia : Non, vraiment, croyez-moi.
[*A part.*]
Et jamais, avant de l'avoir vu, je n'ai su
Ce qu'était le vrai pouvoir de l'amour et de la pitié.
J'ai assez de fortune pour acheter ce que je désire,
Et plus qu'il n'en faut ; c'est là grand réconfort. [*A Léantio.*]
Écoutez, monsieur,
J'aimerais vous parler avant que vous partiez.

Léantio : A moi, madame ? Certainement, je suis à votre [service.
[*A part.*]
Que va-t-elle m'apprendre ? Une autre aubaine à venir ?

Le Pupille : C'est bien elle, j'en suis sûr. La marmousette est si petite que je sentirai à peine sa présence. J'ai vu poupées presqu'aussi grandes vendues à la foire pour dix sous.Voyez comme elle minaude, comme si les confitures ne pouvaient fondre en bouche si délicate. Vraiment, elle pourrait avoir la gentillesse de prendre dans son assiette, un petit taureau en massepain doré, ou un bélier, ou une chèvre, quelquechose à grignoter, et me le faire porter. Ah, ces femmes, quand elles commencent à goûter aux douceurs, elles y prennent tant de goût qu'elles en oublient tous leurs amis, et même, bien souvent leurs propres maris.

Le Duc : Mes amis, je lève ma coupe
A la beauté de Florence la plus parfaite à ce jour.

Bianca : Qui que ce soit, je boirai à sa santé, monsieur.

Le Duc : Non point, vous en êtes exemptée.

Bianca : Qui, moi, monseigneur ?

Le Duc : Oui, par la loi de Bacchus : faites valoir votre [privilège.
Vous n'êtes pas tenue de boire à votre propre santé.

Bianca : Me voici vouée aux humeurs sèches et froides !

Le Duc : Je ne veux pas faire pareille offense à Vénus [30] :
Que Bacchus plaide sa cause devant une autre cour !
Je bois à toi, Bianca !

Bianca : Nothing comes
More welcome to that name then than your grace.

Leantio : [Aside.] So, so ;
Here stands the poor thief now that stole the treasure,
And he's not thought on. Ours is near kin now
To a twin-misery born into the world.
First the hard-conscienced worldling, he hoards wealth up,
Then comes the next, and he feasts all upon 't.
Oh equal justice, thou hast met my sin
With a full weight ; I'm rightly now oppresed :
All her friends' heavy hearts lie in my breast.

Duke : Methinks there is no spirit amongst us, gallants,
But what divinely sparkles from the eyes
Of bright Bianca : we sat all in darkness
But for that splendour. Who was it told us lately
Of a match-making rite, a marriage tender ?

Guardiano : 'Twas I, my lord.

Duke : 'Twas you indeed. Where is she ?

Guardiano : This is the gentlewoman.

Fabritio : My lord, my daughter.

Duke : Why, here's some stirring yet.

Fabritio : She's a dear child to me.

Duke : That must needs be, you say she is your daughter.

Fabritio : Nay, my good lord, dear to my purse, I mean,
Beside my person ; I nev'r reckoned that.
She has the full qualities of a gentlewoman :
I have brought her up to music, dancing, what not,
That may commend her sex, and stir her husband.

Duke : And which is he now ?

Bianca : Rien ne peut s'accorder à mon nom
Plus agréablement que votre grâce.

Léantio : [*A part.*] Il en va donc ainsi !
Le pauvre voleur de trésor est tenu à l'écart
Et nul ne pense à lui. Mon malheur est proche cousin
De ces jumeaux de misère, venus ensemble au monde.
D'abord celui-ci, à la conscience endurcie, qui accu-
[mule les richesses,
Suivi par celui-là qui gaspille le tout en festins.
Oh, justice impartiale ! La rétribution de ma faute
Pèse de tout son poids. Mon affliction est juste :
Le cœur lourd de tous ses amis accable ma poitrine.

Le Duc : Mes jeunes seigneurs, je crois que notre compagnie
[puise tout son éclat
Dans les yeux étincelants de la divine Bianca.
Privés de cette splendeur, nous serions dans les ténèbres.
Qui parmi vous nous a tout à l'heure parlé
De rite nuptial, d'accordailles ?

Guardiano : Moi, monseigneur.

Le Duc : Oui, en effet. Où est-elle ?

Guardiano : Voici la dame.

Fabritio : Monseigneur, voici ma fille.

Le Duc : Voilà qui est piquant.

Fabritio : Cette enfant m'a toujours été chère.

Le Duc : C'est naturel : vous dites que c'est votre fille.

Fabritio : Chère à ma bourse, je veux dire, monseigneur,
Plus encore qu'à moi-même : cela ne compte pas.
Elle a toutes les qualités d'une noble dame :
Je lui ai fait apprendre la musique, la danse, et tout
Ce qui sied à son sexe et peut plaire à son mari.

Le Duc : Qui est-il ?

Guardiano : This young heir, my lord.

Duke : What is he brought up to?

Hippolito : [*Aside.*] To cat and trap.

Guardiano : My lord, he's a great ward, wealthy but simple:
His parts consist in acres.

Duke : Oh, wise-acres!

Guardiano : Y' have spoke him in a word, sir.

Bianca : 'Las, poor gentlewoman,
She's ill bestead, unless sh'as dealt the wiselier,
And laid in more provision for her youth:
Fools will not keep in summer.

Leantio : No, nor such wives
From whores in winter.

Duke : Yea, the voice too, sir?

Fabritio : Ay, and a sweet breast too, my lord, I hope,
Or I have cast away my money wisely;
She took her pricksong earlier, my lord,
Than any of her kin'red ever did.
A rare child, though I say 't, but I 'd not have
The baggage hear so much; 'twould make her swell straight;
And maids of all things must not be puffed up.

Duke : Let's turn us to a better banquet, then;
For music bids the soul of a man to a feast,
And that's indeed a noble entertainment,
Worthy Bianca's self. You shall perceive, beauty,
Our Florentine damsels are not brought up idlely.

Bianca : They are wiser of themselves, it seems, my lord,
And can take gifts, when goodness offers them.

Music.

Guardiano : C'est ce jeune héritier, monseigneur.

Le Duc : Et lui, qu'a-t-il appris ?

Hippolito : [*A part.*] Le jeu de croquet [31] !

Guardiano : Monseigneur, c'est un splendide héritier, riche [mais très simple :
Ses mérites se mesurent à l'étendue de ses terres.

Le Duc : Ah, foncièrement méritant !

Guardiano : Cela le décrit parfaitement, monseigneur.

Bianca : Hélas, la pauvre dame !
Elle est bien mal en point si elle n'a pas eu la sagesse
De se réserver de quoi satisfaire sa jeunesse.
La bécasse n'est pas un plat qui se conserve en été [32].

Léantio : Pas plus que grue en hiver.

Le Duc : Vraiment, le chant aussi, monsieur ?

Fabritio : Oui, et une jolie voix de gorge aussi, j'espère,
Ou alors j'ai joliment jeté mon argent par la fenêtre.
Elle s'est mise à jouer de l'épinette [33], monseigneur,
Plus jeune que tout autre de sa condition.
Une enfant exceptionnelle, pardonnez-moi de le dire,
Mais je ne voudrais pas que la bambine m'entende :
Elle se croirait intéressante, et fille à marier
Ne doit surtout pas être en position intéressante.

Le Duc : Tournons-nous alors vers meilleur banquet,
Car la musique invite l'âme humaine à un festin ;
Et c'est là vraiment un noble régal
Digne de la personne de Bianca. Vous verrez, ma belle,
Que nos demoiselles florentines ne sont pas élevées dans [l'oisiveté.

Bianca : Elles sont plus sages de nature, semble-t-il, [monseigneur,
Et savent accepter les présents offerts par bonté.

Musique.

Leantio : [*Aside.*] True, and damnation has taught you that [wisdom,
You can take gifts too. Oh that music mocks me!

Livia : [*Aside.*] I am as dumb to any language now
But love's, as one that never learn'd to speak.
I am not yet so old but he may think of me.
My own fault, I have been idle a long time;
But I'll begin the week and paint tomorrow,
So follow my true labour day by day.
I never thrived so well as when I used it.

Isabella : song
What harder chance can fall to woman,
Who was born to cleave to some man,
Than to bestow her time, youth, beauty,
Life's observance, honour, duty,
On a thing for no use good,
But to make physic work, or blood
Force fresh in an old lady's cheek?
She that would be
Mother of fools,
Let her compound with me.

Ward : [*Speaking during Isabella's song.*] Here's a tune indeed! Pish! I'd rather hear one ballad sung i'th' nose now, of the lamentable drowning of fat sheep and oxen, than all these simpering tunes played upon cats' guts, and sung by little kittlings.

Fabritio : How like you her breast now, my lord?

Bianca : [*Aside to Duke.*] Her breast?
He talks as if his daughter had given suck
Before she were married, as her betters have;
The next he praises sure will be her nipples.

Duke : Methinks now, such a voice to such a husband,
Is like a jewel of unvalued worth,
Hung at a fool's ear.

Léantio : [A part.] Très juste, et c'est l'enfer qui t'a enseigné
[cette sagesse,
Tu sais aussi accepter les présents. Cette musique se raille de
[moi !

Livia : [*A part.*] Je suis aussi incapable de tout discours,
Hormis celui de l'amour, que si je n'avais jamais appris à
[parler.
Je ne suis pas si vieille qu'il ne puisse penser à moi.
J'ai eu tort de faire dimanche si longtemps :
Je vais me mettre à l'œuvre et peindre mon visage ;
Je poursuivrai ma tâche jour après jour.
Cela m'a toujours réussi.

Isabella : chanson
Ah, sort funeste de la femme
Qui doit s'attacher à un homme ;
Qui donne jeunesse et beauté,
Soins, devoirs et honnêteté,
A un être tout juste bon
A activer la digestion [34]*,*
Ou faire rougir une douairière !
Femmes qui voulez être mères
D'enfants idiots,
Faites comme moi.

Le Pupille : [*Pendant que Isabella chante.*] Vous parlez d'une musique ! Pouah ! J'aimerais mieux la complainte nasillarde de la triste fin d'un troupeau de moutons et de bœufs gras emportés par les eaux, que toutes ces minauderies de chatte en chaleur accompagnées par les boyaux de chats des crincrins !

Fabritio : Que pensez-vous de sa gorge, monseigneur ?

Bianca : [*Bas au duc.*] Sa gorge ?
Il parle comme si sa fille avait donné le sein
Avant le mariage, comme d'autres qui la valent bien.
Il ne va pas tarder à faire l'éloge de ses tétins.

Le Duc : Je pense qu'une si jolie voix pour un tel mari,
C'est un joyau inestimable à l'oreille d'un nigaud.

Fabritio : May it please your grace
To give her leave to show another quality ?

Duke : Marry, as many good ones as you will, sir,
The more, the better welcome.

Leantio : [*Aside.*] But the less,
The better practised : That soul's black indeed
That cannot commend virtue. But who keeps it ?
The extortioner will say to a sick beggar
" Heaven comfort thee ", though he give none himself.
This good is common.

Fabritio : Will it please you now, sir,
To entreat your ward to take her by the hand,
And lead her in a dance before the Duke ?

Guardiano : That will I, sir : 'tis needful. Hark you, nephew.

Fabritio : Nay, you shall see, young heir, what y' have for [your money,
Without fraud or imposture.

Ward : Dance with her !
Not I, sweet guardiner, do not urge my heart to 't,
'Tis clean against my blood. Dance with a stranger !
Let whoso 'will do 't, I'll not begin first with her.

Hippolito : [*Aside.*] No, fear 't not, fool : sh'as took a better [order.

Guardiano : Why, who shall take her, then ?

Ward : Some other gentleman.
Look, there's her uncle, a fine-timbered reveller ;
Perhaps he knows the manner of her dancing too ;
I'll have him do 't before me. I have sworn, guardiner ;
Then may I learn the better.

Guardiano : Thou'lt be an ass still.

Ward. : Ay, all that, uncle, shall not fool me out :
Pish, I stick closer to myself than so.

Fabritio : Plairait-il à votre grâce
De lui permettre de montrer un autre de ses talents ?

Le Duc : Tous les talents que vous voudrez, monsieur.
Plus elle montrera de vertus, plus nous apprécierons sa [présence.

Léantio : [*A part.*] Mais celui qui en a moins
Les exerce mieux. C'est une âme bien noire
Qui ne peut louer la vertu. Mais qui s'y conforme ?
L'extorqueur de fonds dit au mendiant malade
« Le Ciel te vienne en aide », mais lui, il n'en fait rien.
C'est là monnaie courante.

Fabritio : Vous plairait-il maintenant
De prier votre pupille de la prendre par la main,
Et de danser avec elle devant le Duc ?

Guardiano : Certainement, il le faut. Écoute, mon neveu...

Fabritio : Eh bien, jeune héritier, vous verrez maintenant
Ce qui vous revient pour votre argent,
Sans fraude ni imposture.

Le Pupille : Danser avec elle !
Pas question, cher tuteur, n'insistez pas,
C'est contre mes inclinations. Avec une inconnue !
Qu'un autre s'en charge, je ne veux pas être le premier.

Hippolito : [*A part.*] Rien à craindre, pauvre nigaud.
Elle a pris de meilleures dispositions.

Guardiano : Qui donc la fera danser ?

Le Pupille : Quelqu'autre gentilhomme.
Regardez, voici son oncle, un robuste et joyeux drille ;
Et il connaît peut-être sa façon de danser.
Je veux qu'il passe le premier. Je l'ai juré, mon oncle ;
Ainsi, j'apprendrai comment faire.

Guardiano : Tu ne seras jamais qu'un âne.

Le Pupille : Parlez toujours, je ne suis pas si bête.
Fi donc ! On ne m'aura pas comme cela.

Guardiano : I must entreat you, sir, to take your niece
And dance with her. My ward's a little wilful,
He would have you show him the way.

Hippolito : Me, sir?
He shall command it at all hours, pray tell him so.

Guardiano : I thank you for him : he has not wit himself, sir.

Hippolito : [*Aside to Isabella.*] Come, my life's peace. I have [a strange office on 't here.
'Tis some man's luck to keep the joys he likes
Concealed for his own bosom, but my fortune
To set 'em out now for another's liking :
Like the misery of necessitous man,
That parts from his good horse with many praises,
And goes on foot himself. Need must be obeyed
In ev'ry action, it mars man and maid.

Music. A dance [by Hippolito and Isabella], making honours to the Duke and curtsy to themselves, both before and after.

Duke : Signor Fabritio, y' are a happy father,
Your cares and pains are fortunate ; you see
Your costs bear noble fruits. Hippolito, thanks.

Fabritio : Here's some amends for all my charges yet.
She wins both prick and praise where'er she comes.

Duke : How lik'st, Bianca?

Bianca : All things well, my lord,
But this poor gentlewoman's fortune, that's the worst.

Duke : There is no doubt, Bianca, she'll find leisure
To make that good enough ; he's rich and simple.

Guardiano : Monsieur, je vous prie de bien vouloir
Faire danser votre nièce. Mon pupille s'obstine,
Il voudrait que vous lui montriez comment faire.

Hippolito : Moi, monsieur ?
Je serai toujours prêt à lui complaire, dites-le lui.

Guardiano : Je vous remercie pour lui : de lui-même, il n'a
[pas assez d'esprit.

Hippolito : [*Bas à Isabelle.*] Viens, toi la paix de mon âme.
Mon emploi est étrange en cette affaire :
Certains ont la chance de garder leurs joies cachées
Dans le secret de leur cœur, mais il m'échoit
D'exhiber les miennes pour plaire à un autre :
Comme ce malheureux insensé qui se départ
Du bon cheval pour lequel il n'a que louanges,
Et qui prend la route à pied. Il faut se plier à la nécessité
Dans toutes nos actions, c'est notre perte à tous.

Musique. [Hippolito et Isabella] dansent.
Ils s'inclinent devant le Duc, puis l'un devant l'autre
au début et à la fin de la danse.

Le Duc : Signior Fabritio, vous êtes un père heureux,
Vous voyez vos soins et vos peines bien récompensés :
Vos dépenses portent de nobles fruits. Merci, Hippolito.

Fabritio : Voilà qui rachète tous mes débours. Où qu'elle
[aille,
C'est elle qui reçoit tous les hommages.

Le Duc : Tout est-il à ton gré, Bianca ?

Bianca : Tout, monseigneur,
Si ce n'est le sort de cette pauvre dame.

Le Duc : Sans aucun doute elle trouvera loisir
De le rendre agréable : le garçon est riche et stupide.

Bianca : She has the better hope o'th' upper hand indeed,
Which women strive for most.

Guardiano : [*To the Ward.*] Do 't when I bid you, sir.

Ward : I'll venture but a hornpipe with her, guardiner,
Or some such married man's dance.

Guardiano : Well, venture something, sir.

Ward : I have rhyme for what I do.

Guardiano : But little reason, I think.

Ward : Plain men dance the measures, the cinquepace the [gay ;
Cuckholds dance the hornpipe, and farmers dance the hay ;
Your soldiers dance the round, and maidens that grow big ;
Your drunkards, the canaries, your whore and bawd the jig.
Here's your eight kinds of dancers : he that finds the ninth, let [him pay the minstrels.

Duke : Oh, here he appears once in his own person !
I thought he would have married her by attorney,
And lain with her so too.

Bianca : Nay, my kind lord,
There's very seldom any found so foolish
To give away his part there.

Leantio : [*Aside.*] Bitter scoff !
Yet I must do 't. With what a cruel pride
The glory of her sin strikes by my afflictions !

Music. Ward and Isabella dance ;
he ridiculously imitates Hippolito.

Duke : This thing will make shift, sirs, to make a husband,
For aught I see in him. How think'st, Bianca ?

Bianca : Il lui sera facile d'obtenir ce qu'espère toute femme :
Prendre l'avantage.

Guardiano : [*Au pupille.*] Faites ce que je vous dis, monsieur.

Le Pupille : Oserai-je danser la cornarde avec elle, monsieur,
Ou quelqu'autre danse pour les maris ?

Guardiano : Osez, osez, monsieur !

Le Pupille : J'ai de bonnes rimes pour me servir de guides.

Guardiano : Mais bien peu de raison, je pense.

Le Pupille : L'homme commun danse la courante, le luron
[la gaillarde ;
Le paysan la gavotte, le cocu la cornarde :
La ronde est pour le soldat, et si elle faute, pour la pucelle ;
La bourguignonne pour l'ivrogne, le branle pour la maque-
[relle.
Voilà les huit sortes de danseurs. Que celui qui en trouve une neuvième paye les musiciens !

Le Duc : Le voici enfin qui apparaît en personne !
Je pensais qu'il donnerait procuration pour se marier
Et qu'il ferait de même pour partager le lit de la fille.

Bianca : Fi, mon bon seigneur,
On ne trouve guère d'homme assez sot
Pour donner sa place, le moment venu.

Léantio : [*A part.*] La raillerie est acerbe,
Mais il me faut en passer par là. Orgueil cruel !
Triomphante dans sa faute, elle ignore mes tourments.

Musique. Le pupille danse avec Isabella.
Il imite Hippolito de manière ridicule.

Le Duc : A ce que je vois, s'il ne peut jouer les maris,
Il sera la doublure. Qu'en penses-tu, Bianca ?

Bianca : 'Faith, an ill-favoured shift, my lord, methinks.
If he would take some voyage when he's married,
Dangerous, or long enough, and scarce be seen
Once in nine year together, a wife then
Might make indifferent shift to be content with him.

Duke : A kiss ! That wit deserves to be made much on.
Come, our caroch !

Guardiano : Stands ready for your grace.

Duke : My thanks to all your loves. Come, fair Bianca ;
We have took special care of you, and provided
Your lodging near us now.

Bianca : Your love is great, my lord.

Duke : Once more, our thanks to all.

Omnes : All blest honours guard you.

Exeunt [all but Leantio and Livia]. Cornets flourish.

Leantio : Oh, thou hast left me then, Bianca, utterly !
Bianca ! Now I miss thee. Oh, return,
And save the faith of woman. I nev'r felt
The loss of thee till now ; 'tis an affliction
Of greater weight than youth was made to bear ;
As if a punishment of after-life
Were fallen upon man here, so new it is
To flesh and blood, so strange, so insupportable ;
A torment ev'n mistook, as if a body
Whose death were drowning, must needs therefore suffer it
In scalding oil.

Livia : Sweet sir !

Bianca : Une doublure bien nauséabonde, monseigneur, à [mon avis.
Si une fois marié, il partait faire un voyage
Dangereux, ou très long, et ne reparaissait
Que tous les neuf ans, son épouse pourrait
S'accommoder de semblable doublure [35].

Le Duc : Un baiser ! Ton bel esprit mérite récompense.
Holà, notre carrosse !

Guardiano : Il attend le bon plaisir de votre Grâce.

Le Duc : Merci à tous pour votre dévouement. Venez, belle [Bianca,
Nous avons pris soin tout particulier de vous et nous mettons [à votre disposition
Un appartement proche des nôtres.

Bianca : C'est une grande faveur, monseigneur.

Le Duc : Merci encore à tous.

Tous : Bonheur et prospérité à votre grâce !

Ils sortent [tous sauf Léantio et Livia]. Fanfare.

Léantio : Oh, Bianca, m'as-tu donc quitté tout à fait, m'as-tu [abandonné ?
Bianca, tu me manques ! Oh, reviens, et que ton retour
Épargne la fidélité des femmes ! Je commence à peine
A souffrir de t'avoir perdue. C'est une souffrance
Trop lourde ; la jeunesse ne peut pas la porter.
Comme si un châtiment de l'enfer s'abattait ici-bas,
C'est un tourment si étrange, si inconnu
A la chair et au sang de l'homme, si insoutenable,
Aussi excessif que si celui dont le corps est promis
A mourir noyé, devait inévitablement trouver
Cette mort dans l'huile bouillante.

Livia : Mon doux seigneur !

Leantio : As long as mine eye saw thee,
I half enjoyed thee.

Livia : Sir ?

Leantio : Canst thou forget
The dear pains my love took, how it has watched
Whole nights together, in all weathers for thee,
Yet stood in heart more merry than the tempests
That sung about mine ears, — like dangerous flatterers
That can set all their mischief to sweet tunes —
And then received thee from thy father's window
Into these arms at midnight, when we embraced
As if we had been statues only made for 't,
To show art's life, so silent were our comforts,
And kissed as if our lips had grown together !

Livia : This makes me the madder to enjoy him now.

Leantio : Canst thou forget all this ? And better joys
That we met after this, which then new kisses
Took pride to praise.

Livia : I shall grow madder yet. Sir !

Leantio : This cannot be but of some close bawd's working.
Cry mercy, lady ! What would you say to me ?
My sorrow makes me so unmannerly,
So comfort bless me, I had quite forgot you.

Livia : Nothing but ev'n in pity to that passion
Would give your grief good counsel.

Leantio : Marry, and welcome, lady,
It never could come better.

Livia : Then first, sir,
To make away all your good thoughts at once of her,
Know most assuredly she is a strumpet.

Léantio : Tant que mes yeux pouvaient te voir,
Tu étais encore un peu mienne.

Livia : Monsieur ?

Léantio : Peux-tu oublier les tendres soins
Que mon amour t'a prodigués ? Comment il a veillé
Des nuits entières, par tous les temps, à t'attendre,
Le cœur plus allègre pourtant que les tempêtes
Qui chantaient à mon oreille, — comme de dangereux scélérats
Qui savent flatter sur de suaves mélodies —
Comment ces bras t'ont accueillie, à minuit,
A la fenêtre de ton père ; comment nous nous sommes enlacés
Tels deux statues, orgueil de l'art qui manifeste la vie,
Sculptés dans notre étreinte tant nos caresses étaient silencieu-
[ses,
Et nos lèvres scellées dans nos baisers.

Livia : Ceci attise encore mon furieux désir.

Léantio : Peux-tu oublier tout cela ? Et les joies plus grandes
[encore
Qui ont suivi, célébrées à leur tour
Par de nouveaux baisers.

Livia : Ma passion s'affole encore. Monsieur !

Léantio : Ceci ne peut être que l'œuvre de quelque sournoise
[entremetteuse.
Oh, pardonnez-moi, madame ! Que vouliez-vous dire ?
Mon chagrin — le Ciel me vienne en aide ! —
Me rend si incivil, que j'oubliais votre présence.

Livia : Rien si ce n'est, par pure compassion,
Apporter mes bons conseils à votre douleur.

Léantio : Ma foi, ils sont les bienvenus, madame,
Ils ne sauraient être plus à propos.

Livia : Tout d'abord, monsieur,
Pour vous défaire de vos bonnes pensées pour elle,
Sachez, en toute certitude, que c'est une catin.

Leantio : Ha ! Most assuredly ? Speak not a thing
So vilde so certainly ; leave it more doubtful.

Livia : Then I must leave all truth, and spare my knowledge :
A sin which I too lately found and wept for.

Leantio : Found you it ?

Livia : Ay, with wet eyes.

Leantio : Oh perjurious friendship !

Livia : You missed your fortunes when you met with her, sir.
Young gentlemen that only love for beauty,
They love not wisely ; such a marriage rather
Proves the destruction of affection :
It brings on want, and want's the key of whoredom.
I think y' had small means with her.

Leantio : Oh, not any, lady.

Livia : Alas, poor gentleman ! what meant'st thou, sir,
Quite to undo thyself with thine own kind heart ?
Thou art too good and pitiful to woman.
Marry, sir, thank thy stars for this blest fortune
That rids the summer of thy youth so well
From many beggars that had lain a-sunning
In thy beams only else, till thou hadst wasted
The whole days of thy life in heat and labour.
What would you say now to a creature found
As pitiful to you, and as it were
Ev'n sent on purpose from the whole sex general
To requite all that kindness you have shown to 't ?

Leantio : What's that, madam ?

Livia : Nay, a gentlewoman, and one able
To reward good things, ay, and bears a conscience to 't.
Couldst thou love such a one that, blow all fortunes,
Would never see thee want ?
Nay more, maintain thee to thine enemy's envy,

Léantio : Ha ! En toute certitude ? Ne dites pas
Cette abomination avec tant d'assurance, laissez quelque place
[au doute.

Livia : Dois-je renoncer à la vérité, et taire ce que je sais :
Une faute que je viens de découvrir et que je déplore.

Léantio : Vous l'avez découverte ?

Livia : Oui, avec des larmes dans les yeux.

Léantio : Oh, cœur perfide !

Livia : La fortune vous a échappé quand vous l'avez
[rencontrée, monsieur.
Les jeunes gentilshommes qui n'aiment que la beauté
N'aiment pas avec sagesse : ces mariages-là
Sont la ruine de toute affection :
Ils apportent le besoin qui est la clef de la prostitution.
Je pense que sa dot était maigre.

Léantio : Oh, nulle dot, madame.

Livia : Hélas, pauvre gentilhomme, à quoi pensais-tu
A ainsi courir à ta ruine par pure bonté d'âme ?
Tu as trop de générosité et de pitié pour les femmes.
Ma foi, remercie ton étoile pour ce bon coup du sort
Qui délivre si heureusement l'été de ta jeunesse
De tous ces gueux qui se seraient baignés
Dans le soleil de tes rayons jusqu'à ce que tu perdes
Tous les jours de ta vie à la tâche, dans la chaleur.
Que dirais-tu à celle qui se montrerait
Aussi compatissante envers toi et, pour ainsi dire,
Serait l'émissaire dépêchée par tout le beau sexe
Pour s'acquitter des bontés que tu lui as prodiguées ?

Léantio : Eh, qui donc, madame ?

Livia : Mais, une noble dame, et qui saurait
Remercier des douceurs, s'en ferait même un devoir.
Pourrais-tu aimer celle qui, où que souffle la fortune,
Ne souffrirait pas de te voir dans le besoin,
Y subviendrait à rendre ton ennemie jalouse,

And shalt not spend a care for 't, stir a thought,
Nor break a sleep : unless love's music waked thee,
No storm of fortune should. Look upon me,
And know that woman.

Leantio : Oh, my life's wealth, Bianca !

Livia : Still with her name ? Will nothing wear it out ?
That deep sigh went but for a strumpet, sir.

Leantio : It can go for no other that loves me.

Livia : [*Aside.*] He's vexed in mind ; I came too soon to him ;
Where's my discretion now, my skill, my judgment ?
I'm cunning in all arts but my own love.
'Tis as unseasonable to tempt him now
So soon, as a widow to be courted
Following her husband's corse, or to make bargain
By the grave-side, and take a young man there.
Her strange departure stands like a hearse yet
Before his eyes, which time will take down shortly.
Exit.

Leantio : Is she my wife till death, yet no more mine ?
That's a hard measure. Then what's marriage good for ?
Methinks by right I should not now be living,
And then 'twere all well. What a happiness
Had I been made of, had I never seen her ;
For nothing makes man's loss grievous to him
But knowledge of the worth of what he loses,
For what he never had, he never misses.
She's gone for ever, utterly ; there is
As much redemption of a soul from hell
As a fair woman's body from his palace.
Why should my love last longer than her truth ?
What is there good in woman to be loved
When only that which makes her so has left her ?
I cannot love her now, but I must like
Her sin and my own shame too, and be guilty
Of law's breach with her, and mine own abusing ;

Sans qu'il t'en coûte une pensée, un tracas,
Une nuit sans sommeil. La musique de l'amour seule
T'éveillerait, et non les orages de la fortune.
Regarde-moi et tu verras cette femme.

Léantio : Oh, Bianca, trésor de ma vie !

Livia : Toujours son nom ? Rien ne pourra donc l'effacer ?
Ce profond soupir, c'est vers une catin qu'il allait.

Léantio : Il ne peut aller vers nulle autre qui m'aime.

Livia : [*A part.*] Il est plein de dépit ; je suis venue à lui trop [tôt.
Où est donc ma prudence, mon adresse, mon jugement ?
Je suis habile en tout excepté mon amour.
Il est tout aussi hors de saison de le tenter déjà,
Que de faire la cour à la veuve qui suit
Le cercueil de son mari, ou de s'accorder
Pour prendre jeune mari devant une tombe ouverte.
Cette étrange désertion se dresse encore devant ses yeux
Comme un catafalque que le temps va abattre.
Elle sort.

Léantio : Mon épouse jusqu'à ce que la mort nous sépare ?
Pourtant elle n'est plus à moi.
Mon lot est cruel. A quoi alors le mariage est-il bon ?
En toute raison, je ne devrais pas être en vie.
Tout serait pour le mieux. Quel bonheur
Aurait été le mien si je ne l'avais jamais vue ;
La souffrance que nous cause une perte n'est si grande
Que si nous connaissons le prix de l'objet perdu :
L'on ne regrette pas ce que l'on n'a jamais eu.
Elle est partie à jamais, sans espoir. Il est aussi facile
De réclamer une âme en enfer, que le corps d'une femme
Désirable dans le palais ducal.
Pourquoi mon amour survivrait-il à sa foi ?
Que reste-t-il à aimer chez une femme
Quand tout ce qui la rendait aimable n'est plus là ?
Désormais, je ne peux l'aimer sans aimer
Sa faute et ma honte, sans être compté coupable
De parjure envers elle, sans être vilipendé ?

All which were monstrous. Then my safest course
For health of mind and body, is to turn my heart
And hate her, most extremely hate her ;
I have no other way. Those virtuous powers
Which were chaste witnesses of both our troths
Can witness she breaks first. And I'm rewarded
With captainship o'th' fort ! A place of credit,
I must confess, but poor : my factorship
Shall not exchange means with 't. He that died last in 't,
He was no drunkard, yet he died a beggar
For all his thrift. Besides, the place not fits me :
It suits my resolution, not my breeding.

Enter Livia.

Livia : [*Aside.*] I have tried all ways I can, and have not [power
To keep from sight of him. How are you now, sir ?

Leantio : I feel a better ease, madam.

Livia : Thanks to blessedness.
You will do well, I warrant you, fear it not, sir.
Join but your own good will to 't. He's not wise
That loves his pain or sickness, or grows fond
Of a disease, whose property is to vex him,
And spitefully drink his blood up. Out upon it, sir,
Youth knows no greater loss. I pray let's walk, sir.
You never saw the beauty of my house yet,
Nor how abundantly fortune has blessed me
In worldly treasure ; trust me I have enough, sir,
To make my friend a rich man in my life,
A great man at my death ; yourself will say so.
If you want anything, and spare to speak,
Troth I'll condemn you for a willful man, sir.

Leantio : Why sure, this can be but the flattery of some [dream.

Livia : Now by this kiss, my love, my soul and riches,
'Tis all true substance.

Tout cela est monstrueux. Le meilleur parti pour moi,
Pour la santé de mon esprit et de mon corps, c'est de détourner
[mon cœur
Et de la haïr, de la haïr d'une haine extrême :
Je n'ai pas d'autre issue. Les puissances vertueuses
Qui furent chastes témoins de notre engagement
Témoigneront de sa trahison. Et me voici récompensé
Par le capitanat du fort ! Un poste prestigieux,
Je l'avoue, mais mal rétribué : mes fonctions de courtier
Me rapportent bien plus. Le dernier capitaine
N'était pas un ivrogne, il n'en est pas moins mort dans la misère
Bien qu'il fût économe. Et puis, ce poste ne me convient pas :
J'ai la fermeté de caractère qu'il faut, pas l'éducation.

Entre Livia.

Livia : [*A part.*] J'ai tout essayé mais je n'ai pas la force
De rester loin de sa vue. Comment vous sentez-vous ?

Léantio : Mieux, madame.

Livia : Le Ciel soit loué !
Vous guérirez, je vous le dis, ne craignez rien, monsieur,
Il suffit que vous y consentiez. C'est l'insensé
Qui chérit sa douleur ou son infirmité, ou courtise
Un mal dont la nature envieuse est de le tourmenter
Et de boire son sang. Laissez cela, monsieur,
C'est la perte des jeunes gens. Marchons, je vous prie,
Vous n'avez encore jamais vu la beauté de ma maison,
Ni la profusion avec laquelle la fortune m'a prodigué
Ses trésors temporels ; croyez-moi, j'ai en suffisance
De quoi faire de mon amant un homme riche toute ma vie,
Et un Grand à ma mort : vous-même en conviendrez.
En vérité, si vous taisez le moindre de vos désirs,
Je vous censurerai pour votre indocilité.

Léantio : Ah, sûrement, je suis abusé par un rêve flatteur.

Livia : Par ce baiser que je te donne, mon amour, mon âme
[et mes richesses

Come, you shall see my wealth ; take what you list.
The gallanter you go, the more you please me.
I will allow you, too, your page and footman,
Your race-horses, or any various pleasure
Exercised youth delights in. But to me
Only, sir, wear your heart of constant stuff.
Do you but love enough, I'll give enough.

Leantio : Troth then, I'll love enough and take enough.

Livia : Then we are both pleased enough.

Exeunt.

Act III, Scene 3

Enter Guardiano and Isabella at one door,
and the Ward and Sordido at another.

Guardiano : Now, nephew, here's the gentlewoman again.

Ward : Mass, here she's come again. Mark her now, [Sordido.

Guardiano : This is the maid my love and care has chose
Out for your wife, and so I tender her to you ;
Yourself has been eye-witness of some qualities
That speak a courtly breeding, and are costly.
I bring you both to talk together now ;
'Tis time you grew familiar in your tongues :
Tomorrow you join hands, and one ring ties you,
And one bed holds you (if you like the choice).
Her father and her friends are i'th'next room,
And stay to see the contract ere they part.

Sont tous réalité substantielle.
Venez, vous verrez mes trésors ; prenez ce qui vous plaît.
Plus riche sera votre mise, plus je vous aimerai.
Je pourvoirai aussi à l'entretien d'un page et d'un laquais,
De chevaux de course, et à tous ces plaisirs auxquels s'adon-
[nent
Les jeunes gens férus d'exercice. Mais pour moi seule,
Monsieur, votre cœur portera sa livrée d'invariable constance.
Si vous savez aimer, je saurai donner.

Léantio : C'est dit : je saurai aimer, et je saurai prendre.

Livia : Et nous saurons tous deux nous satisfaire.

Ils sortent.

Acte III, Scène 3

Entrent à une porte Guardiano et Isabella,
à une autre porte, le pupille et Sordido.

Guardiano : Eh bien, mon neveu, voici à nouveau cette
[dame.

Le Pupille : Tudieu, la voici à nouveau ! Observe-la bien,
[Sordido.

Guardiano : Voici la jeune fille que mon amour et ma
[sollicitude vous ont choisie
Pour épouse, et que je vous offre ici en mariage.
Vous avez vu de vos yeux certains agréments
Qui montrent une noble éducation et coûtent cher à un père.
Je vous ai réunis pour que vous vous parliez.
Il est temps que vous fassiez connaissance en paroles :
Demain vous joindrez vos mains, un anneau vous unira,
Et vous partagerez un même lit (si le choix vous agrée).
Son père et ses amis sont dans la pièce voisine
Et attendent pour partir d'être témoins du contrat.

Therefore dispatch, good ward, be sweet and short.
Like her, or like her not, there's but two ways;
And one your body, th'other your purse pays.

Ward : I warrant you, guardiner, I'll not stand all day [thrumming,
But quickly shoot my bolt at your next coming.

Guardiano : Well said! Good fortune to your birding then. [*Exit.*]

Ward : I never missed mark yet.

Sordido : Troth I think, master, if the truth were known,
You never shot at any but the kitchen-wench,
And that was a she-woodcock, a mere innocent,
That was oft lost and cried, at eight and twenty.

Ward : No more of that meat, Sordido, here's eggs o'th' spit [now,
We must turn gingerly. Draw out the catalogue
Of all the faults of women.

Sordido : How, all the faults! Have you so little reason to think so much paper will lie in my breeches? Why, ten carts will not carry it, if you set down but the bawds. All the faults? Pray, let's be content with a few of 'em; and if they were less, you would find 'em enough, I warrant you. Look you, sir. [*Takes out a paper.*]

Isabella : [*Aside.*] But that I have th' advantage of the fool,
As much as woman's heart can wish and joy at,
What an infernal torment 'twere to be
Thus bought and sold, and turned and pried into; when, alas,
The worst bit is too good for him. And the comfort is
H'as but a cater's place on 't, and provides
All for another's table; yet how curious
The ass is, like some nice professor on 't,
That buys up all the daintiest food i'th' markets,
And seldom licks his lips after a taste on 't!

Ainsi, mon bon neveu, soyez aimable et dépêchez l'affaire,
Qu'elle vous plaise ou non, il n'est d'autre ressource.
L'un taxe votre corps, et l'autre votre bourse.

Le Pupille : C'est promis, cher tuteur : je ne battrai pas la [campagne tout le jour,
Et j'aurai décoché mon coup à votre retour.

Guardiano : Bien dit ! Bonne chasse donc !

[*Il sort.*]

Le Pupille : Je fais mouche à tous les coups.

Sordido : A vrai dire, mon maître, je crois
Que vous n'avez jamais chassé que la fille de cuisine,
Et ce n'était qu'une bécasse, une pauvre innocente
Qui mettait le village en émoi pour la retrouver
Chaque fois qu'elle se perdait encore à vingt-huit ans.

Le Pupille : Ne parlons plus de ce gibier, nous avons [maintenant du lait sur le feu :
Soyons prudents. Dresse-moi le catalogue
De tous les défauts des femmes.

Sordido : Comment, tous les défauts ! Avez-vous la folie de croire que je puisse avoir tant de papier dans mes poches ? Dix charrettes n'y suffiraient pas, même en se limitant aux entremetteuses. Tous les défauts ? Contentons-nous de quelques-uns ; il y en aura toujours plus qu'assez pour vous contenter, je vous le promets. Regardez, monsieur.

[*Il sort une feuille de papier.*]

Isabella : [*A part.*] N'était l'avantage que j'ai sur ce nigaud,
Aussi grand que femme puisse désirer en son cœur,
Quel tourment infernal ce serait d'être ainsi
Achetée et vendue, examinée et inspectée ; alors que
La plus vile partie de moi-même est encore
Trop bonne pour lui. Ce qui me console,
C'est qu'il n'est en ceci que le simple intendant
Qui fait provision pour la table d'un autre. Pourtant,
Cet âne est aussi exigeant que le professionnel
Qui achète les friandises les plus succulentes,
Et les goûte à peine du bout des lèvres !

Sordido : Now to her, now y' have scanned all her parts over.

Ward : But at which end shall I begin now, Sordido ?

Sordido : Oh, ever at a woman's lip, while you live, sir. Do you ask that question ?

Ward : Methinks, Sordido, sh'as but a crabbed face to begin with.

Sordido : A crabbed face ? That will save money.

Ward : How, save money, Sordido ?

Sordido : Ay, sir ; for having a crabbed face of her own, she'll eat the less verjuice with her mutton : 'twill save verjuice at year's end, sir.

Ward : Nay, and your jests begin to be saucy once, I'll make you eat your meat without mustard.

Sordido : And that in some kind is a punishment.

Ward : Gentlewoman, they say 'tis your pleasure to be my wife, and you shall know shortly whether it be mine or no to be your husband. And thereupon thus I first enter upon you. [*Kisses her.*] Oh, most delicious scent ! Methinks it tasted as if a man had stepped into a comfit-maker's shop to let a cart go by, all the while I kissed her. It is reported, gentlewoman, you'll run mad for me, if you have me not.

Isabella : I should be in great danger of my wits, sir — [*Aside.*]
For being so forward, should this ass kick backward now.

Ward : Alas, poor soul. And is that hair your own ?

Isabella : Mine own ? Yes sure, sir ; I owe nothing for 't.

Ward : 'Tis good hearing : I shall have the less to pay when I have married you. [*To Sordido.*] Look, does her eyes stand well ?

Sordido : Attaquez, maintenant que vous l'avez examinée sous toutes les coutures.

Le Pupille : Par quel bout dois-je attaquer, Sordido ?

Sordido : Toujours par les lèvres avec une femme. Quelle question, jamais autrement !

Le Pupille : D'abord, je trouve qu'elle a la mine bien aigrelette.

Sordido : Aigrelette ? cela vous fera des économies.

Le Pupille : Comment cela, des économies ?

Sordido : Puisqu'elle a déjà la mine aigrelette, elle mettra moins de vinaigrette sur sa salade. Cela vous fera des économies de vinaigre en fin d'année.

Le Pupille : Et si tes plaisanteries deviennent piquantes, Tu n'auras plus de moutarde pour manger ta viande.

Sordido : C'est là une sacrée punition !

Le Pupille : Gente dame, on dit que c'est votre bon plaisir de devenir mon épouse, et vous saurez bientôt si c'est le mien de devenir votre mari. Sur quoi, j'exerce ici ma capacité de jouissance. [*Il lui donne un baiser.*] Oh, délicieux parfum ! Tout le temps de ce baiser, cela sentait si bon que j'ai cru être entré dans la boutique d'un confiseur, le temps de laisser passer une charrette. Le bruit court, madame, que si vous ne pouviez pas m'épouser, vous en deviendriez folle.

Isabella : Je serais en grand danger de perdre l'esprit...
[*à part*] à vouloir ainsi m'atteler, si jamais le baudet s'avisait de ruer dans les brancards.

Le Pupille : Hélas, pauvrette ! Et ces cheveux sont à vous ?

Isabella : A moi ? Certainement. Je n'en suis redevable à personne.

Le Pupille : Bonne nouvelle ! Ce sera ça de moins à payer quand nous serons mariés. [*A Sordido.*] Dis-moi, l'œil est-il en bonne place ?

Sordido : They cannot stand better than in her head, I think. Where would you have them ? And for her nose, 'tis of a very good last.

Ward : I have known as good as that has not lasted a year, though.

Sordido : That's in the using of a thing ; will not any strong bridge fall down in time, if we do nothing but beat at the bottom ? A nose of buff would not last always, sir, especially if it came into th' camp once.

Ward : But, Sordido, how shall we do to make her laugh, that I may see what teeth she has ? For I'll not bate her a tooth, nor take a black one into th' bargain.

Sordido : Why, do but you fall in talk with her, you cannot choose but one time or other make her laugh, sir.

Ward : It shall go hard, but I will. Pray, what qualities have you beside singing and dancing ? Can you play at shuttlecock forsooth ?

Isabella : Ay, and at stool-ball too, sir ; I have great luck at it.

Ward : Why, can you catch a ball well ?

Isabella : I have catch'd two in my lap at one game.

Ward : What have you, woman ? I must have you learn to play at trap too, then y' are full and whole.

Isabella : Anything that you please to bring me up to
I shall take pains to practise.

Ward : 'Twill not do, Sordido, we shall never get her mouth opened wide enough.

Sordido : No, sir, that's strange ! Then here's a trick for your learning. *He yawns* [*whereupon Isabella yawns too*]. Look now, look now ! quick, quick there !

Sordido : Quelle meilleure place que sur le visage ? Où voudriez-vous donc qu'il soit ? Et pour ce qui est de son nez, il est très bien charpenté.

Le Pupille : J'ai pourtant vu aussi bonne charpente se vermouler en moins d'un an.

Sordido : Tout dépend de l'usage qu'on en fait ; la charpente la plus solide finit par s'effondrer si on attaque sans cesse le fondement à coup de bélier. Même un nez de cuir n'est pas éternel : les soldats de métier en savent quelque chose [36].

Le Pupille : Mais, Sordido, comment nous y prendrons-nous pour la faire rire et que je voie ses dents ? S'il en manque une, ou s'il y en a de noires, je ne fais pas affaire.

Sordido : Eh bien, il suffit de lui parler, et vous ne manquerez pas de la faire rire, à un moment ou un autre.

Le Pupille : Cela ne peut manquer. Dites-moi, je vous prie, que savez-vous faire, à part chanter et danser ? Savez-vous jouer à pousse-avant ?

Isabella : Oui, et à trou-madame [37] aussi, monsieur : j'ai beaucoup de chance à ce jeu.

Le Pupille : Vous êtes bonne pour attraper les boules ?

Isabella : Il m'est arrivé d'en attraper deux à la fois dans mon jupon.

Le Pupille : Vraiment, madame ? Je vous apprendrai à jouer au croquet, et il ne manquera plus rien à votre éducation.

Isabella : Tout ce qu'il vous plaira de m'enseigner, je m'appliquerai à l'apprendre.

Le Pupille : Cela ne marche pas, Sordido : nous n'arriverons jamais à lui faire ouvrir la bouche assez grand.

Sordido : Non, c'est curieux. Eh bien, je vais vous montrer un truc *Il baille ;* [*Isabelle baille à son tour.*] Regardez, regardez ! vite, vite, là !

Ward : Pox of that scurvy mannerly trick with handkerchief; it hind'red me a little, but I am satisfied.
When a fair woman gapes and stops her mouth so,
It shows like a cloth-stopple in a cream-pot.
I have fair hope of her teeth now, Sordido.

Sordido : Why, then y' have all well, sir; for aught I see,
She's right and straight enough, now as she stands.
They commonly lie crooked, that's no matter : wise gamesters
Never find fault with that, let 'em lie still so.

Ward : I'd fain mark how she goes, and then I have all. For of all creatures I cannot abide a splay-footed woman : she's an unlucky thing to meet in a morning; her heels keep together so, as if she were beginning an Irish dance still, and the wriggling of her bum playing the tune to 't. But I have bethought a cleanly shift to find it : dab down as you see me, and peep of one side when her back's toward you; I'll show you the way.

Sordido : And you shall find me apt enough to peeping;
I have been one of them has seen mad sights
Under your scaffolds.

Ward : Will it please you walk, forsooth
A turn or two by yourself? You are so pleasing to me,
I take delight to view you on both sides.

Isabella : I shall be glad to fetch a walk to your love, sir;
'Twill get affection a good stomach, sir...
[*aside*] which I had need have to fall to such coarse victuals.
[*She walks, while Ward and Sordido crouch down and look at her legs.*]

Ward : Now go thy ways for a clean-treading wench,
As ever man in modesty peeped under.

Le Pupille : La peste de ces simagrées avec son mouchoir ! je n'ai pas pu bien voir : mais je suis satisfait. Quand une belle masque comme cela sa bouche béante, on dirait un pot de crème bouché avec un torchon. Je crois qu'elle aura de bonnes dents, Sordido.

Sordido : Eh bien, tout est parfait, monsieur. Si j'en crois
[mes yeux,
Elle se tient passablement droite quand elle est debout.
Au lit, ces filles risquent de se tenir moins droite, mais qu'importe ? Les galants avisés
N'y trouvent rien à redire ; qu'il en soit toujours ainsi !

Le Pupille : Je voudrais bien voir sa façon de marcher, et puis j'en saurai assez. Entre toutes les créatures, je ne supporte pas une femme qui marche en canard : cela porte malheur d'en voir une en se levant. Avec ses talons accolés, on dirait qu'elle se prépare à danser une gigue irlandaise et qu'elle tortille des fesses pour battre la mesure. Mais j'ai trouvé une astuce pour savoir : fais comme moi, baisse-toi, et, au moment où elle tourne le dos, tu lorgnes sous sa jupe : je vais te montrer.

Sordido : Je suis toujours partant pour lorgner :
J'ai assisté à de fameux spectacles,
Caché sous la tribune des spectateurs.

Le Pupille : Vous plairait-il de faire seule
Une fois ou deux le tour de la pièce ? Vous me plaisez tant
Que je me régale à vous voir sous tous vos profils.

Isabella : J'aurai plaisir à marcher pour vous complaire,
[monsieur ;
Cela aiguisera l'appétit de l'amour...
[*bas*] ce qui sera bien nécessaire pour des plats aussi grossiers.
[*Tandis qu'elle marche, le pupille et Sordido, baissés, regardent ses jambes.*]

Le Pupille : C'est bien, tu es fille à la démarche la plus
[franche
Qu'homme pudique jamais reluqua sous la jupe.

Sordido : I see the sweetest sight to please my master :
Never went Frenchman righter upon ropes
Than she on Florentine rushes.

Ward : 'Tis enough, forsooth.

Isabella : And how do you like me now, sir ?

Ward : 'Faith so well
I never mean to part with thee, sweetheart,
Under some sixteen children, and all boys.

Isabella : You'll be at simple pains, if you prove kind
And breed them all in your teeth.

Ward : Nay, by my faith,
What serves your belly for ? 'Twould make my cheeks
Look like blown bagpipes.

Enter Guardiano.

Guardiano : How now, ward and nephew,
Gentlewoman and niece, speak ! Is it so or not ?

Ward : 'Tis so ; we are both agreed, sir.

Guardiano : In to your kin'red then.
There's friends, and wine and music, waits to welcome you.

Ward : Then I'll be drunk for joy.

Sordido : And I for company ;
I cannot break my nose in a better action.

[*Exeunt.*]

Sordido : Joli spectacle fait pour plaire à mon maître !
Le funambule français ne marche pas plus droit sur sa corde
Qu'elle sur son tapis de joncs florentin.

Le Pupille : Très bien, c'est assez.

Isabella : Alors, suis-je à votre goût, monsieur ?

Le Pupille : Oui-da, si bien
Que je ne veux plus te quitter, mon doux cœur,
Avant de t'avoir fait seize enfants et tous des garçons.

Isabella : Il vous en coûtera bien des douleurs si vous êtes [compatissant
Et que ces grossesses se portent sur vos dents [38].

Le Pupille : Certes non, ma foi !
A quoi servirait donc votre ventre ? J'aurais les joues
Gonflées comme des cornemuses.

Entre Guardiano.

Guardiano : Eh bien, mon pupille et neveu,
Chère dame et nièce, dites-moi ! En sera-t-il ainsi ?

Le Pupille : Cela sera. Nous sommes d'accord, monsieur.

Guardiano : Alors, entrez rejoindre votre famille.
Vos amis, le bon vin et la musique vous attendent.

Le Pupille : Je vais donc m'enivrer pour célébrer cela.

Sordido : Et moi pour lui tenir compagnie.
Pourrais-je m'éreinter à meilleure besogne ?

[*Ils sortent.*]

Act IV, Scene 1

Enter Bianca attended by two ladies.

Bianca : How goes your watches, ladies ? What's o'clock [now ?

1 Lady : By mine, full nine.

2 Lady : By mine, a quarter past.

1 Lady : I set mine by St Mark's.

2 Lady : St Anthony's, they say,
Goes truer.

1 Lady : That's but your opinion, madam,
Because you love a gentleman o'th' name.

2 Lady : He's a true gentleman, then.

1 Lady : So may he be
That comes to me tonight, for aught you know.

Bianca : I'll end this strife straight. I set mine by the sun ;
I love to set by th' best, one shall not then
Be troubled to set often.

2 Lady : You do wisely in 't.

Bianca : If I should set my watch, as some girls do,
By ev'ry clock i'th' town, 'twould nev'r go true ;
And too much turning of the dial's point
Or tampering with the spring, might in small time
Spoil the whole work too. Here it wants of nine now.

1 Lady : It does indeed, forsooth ; mine's nearest truth yet.

2 Lady : Yet I have found her lying with an advocate, which [showed
Like two false clocks together in one parish.

ACTE IV, Scène 1

Entre Bianca, suivie de deux dames.

Bianca : Que disent vos montres, mesdames ? Quelle heure [est-il ?

1re Dame : A la mienne, neuf heures juste.

2e Dame : A la mienne, neuf heure un quart.

1re Dame : Je suis à l'heure de Saint-Marc.

2e Dame : On dit que l'horloge de Saint-Antoine
Est plus fidèle.

1re Dame : C'est votre opinion personnelle, madame,
Parce que vous aimez un gentilhomme de ce nom.

2e Dame : C'est donc un gentilhomme fidèle.

1re Dame : Celui qui me rejoint ce soir
Est peut-être tout aussi fidèle, ne vous déplaise.

Bianca : Je vais vous départager : je suis à l'heure du soleil.
Il me plaît de me régler sur le plus éminent. Cela évite
La peine de se remettre à l'heure souvent.

2e Dame : C'est agir sagement.

Bianca : Si, comme certaines, je réglais ma montre
A chaque pendule que je vois, je ne pourrais m'y fier.
Et à toujours tripoter la clef et titiller les aiguilles [39],
On ne tarderait pas à détraquer tout le mécanisme.
Pour moi, maintenant il est presque neuf heures.

1re Dame : C'est ma foi vrai : la mienne est donc plus juste [quand même.

2e Dame : Pourtant je l'ai surprise au lit avec un avocat :
Cela ressemblait fort à deux pendules fausses dans la même [paroisse.

Bianca : So now I thank you, ladies, I desire
A while to be alone.

1 Lady : And I am nobody,
Methinks, unless I have one or other with me.
Faith, my desire and hers will nev'r be sisters.

Exeunt ladies.

Bianca : How strangely woman's fortune comes about!
This was the farthest way to come to me,
All would have judged, that knew me born in Venice,
And there with many jealous eyes brought up,
That never thought they had me sure enough
But when they were upon me; yet my hap
To meet it here, so far off from my birthplace,
My friends or kin'red. 'Tis not good, in sadness,
To keep a maid so strict in her young days;
Restraint breeds wandering thoughts, as many fasting days
A great desire to see flesh stirring again.
I'll nev'r use any girl of mine so strictly;
Howev'r they are kept, their fortunes find 'em out,
I see 't in me. If they be got in Court,
I'll never forbid 'em the country; nor the Court,
Though they be born i'th' country. They will come to 't,
And fetch their falls a thousand miles about,
Where one would little think on 't.

Enter Leantio [gorgeously dressed].

Leantio : [*Aside.*] I long to see how my despiser looks,
Now she's come here to Court. These are her lodgings.
She's simply now advanced. I took her out
Of no such window, I remember, first:
That was a great deal lower and less carved.

Bianca : How now? What silkworm's this, i'th' name of [pride?
What, is it he?

Bianca : Eh bien, je vous remercie, mesdames,
Je désire rester seule un moment.

1re Dame : Et moi, je ne suis rien
Si je ne suis pas en compagnie de l'un ou de l'autre.
Vraiment, nos désirs ne s'accorderont jamais.

Les dames sortent.

Bianca : Le destin d'une femme suit des voies bien étranges !
[Pour moi,
C'est la plus improbable qu'aurait pu me prédire
Ceux qui me savaient née et élevée à Venise,
Sous le regard jaloux de ces gens qui pensaient
Que je n'étais gardée assez sûrement
Que lorsqu'il étaient sur mon dos. La chance a voulu
Que mon destin s'accomplisse ici, loin de ma naissance,
De mes amis et de mes parents. Je le dis à regret,
Il n'est pas bon d'être si sévère avec les jeunes filles ;
Les entraves font divaguer les pensées, comme un long carême
Fait naître grand désir de tâter à la chair ;
Je ne serai jamais aussi sévère avec mes filles ;
De si près qu'on les garde, leur destin les rattrape :
Je le vois dans ma vie. Si elles naissent à la cour,
La campagne leur sera permise, et de même la cour,
Si elles naissent à la campagne. Les filles vont à leur perte
Par un détour de mille lieues et en trouvent le chemin
Là où l'on s'y attendrait le moins.

Entre Léantio [vêtu avec magnificence].

Léantio : [*A part.*] J'ai hâte de voir la mine de celle qui m'a
[rejeté
Pour venir à la cour. Voici ses appartements.
Son avancement est immense. Je me souviens,
Ce n'est pas à pareille fenêtre que je l'ai enlevée.
C'était fenêtre plus basse et moins ouvragée.

Bianca : Par le démon de l'orgueil, quel est donc ce ver à
[soie ?
Quoi, est-ce lui ?

Leantio : A bow in the ham to your greatness ;
You must have now three legs, I take it, must you not ?

Bianca : Then I must take another, I shall want else
The service I should have ; you have but two there.

Leantio : Y' are richly placed.

Bianca : Methinks y' are wondrous brave, sir.

Leantio : A sumptuous lodging.

Bianca : Y' ave an excellent suit there.

Leantio : A chair of velvet.

Bianca : Is your cloak lined through, sir ?

Leantio : Y' are very stately here.

Bianca : 'Faith, something proud, sir.

Leantio : Stay, stay ; let's see your cloth-of-silver slippers.

Bianca : Who's your shoemaker ? H' as made you a neat [boot.

Leantio : Will you have a pair ? The duke will lend you [spurs.

Bianca : Yes, when I ride.

Leantio : 'Tis a brave life you lead.

Bianca : I could nev'r see you in such good clothes
In my time.

Leantio : In your time ?

Bianca : Sure, I think, sir,
We both thrive best asunder.

Leantio : Y' are a whore !

Léantio : Je m'incline bien bas devant votre grandeur.
On vous doit trois ronds de jambe, n'est-ce pas ?

Bianca : Je m'adresserai donc à un autre
Pour les hommages qui me sont dûs : vous n'avez que deux
[jambes [40].

Léantio : Vous êtes superbement logée.

Bianca : Votre élégance est étonnante, monsieur.

Léantio : Des appartements somptueux.

Bianca : Vous portez là un costume magnifique.

Léantio : Un fauteuil de velours.

Bianca : Votre manteau est-il entièrement doublé de four-
[rure ?

Léantio : Vous tenez ici grande maison.

Bianca : Un équipage superbe, monsieur.

Léantio : Attendez, attendez, laissez-moi voir vos pantoufles
[de brocart.

Bianca : Qui est votre cordonnier ? Il vous a fait là botte
[bien élégante.

Léantio : Si vous en voulez une paire, le duc pourvoira aux
[éperons.

Bianca : Certes, pour la monte.

Léantio : Vous menez une vie bien élégante.

Bianca : Je ne vous ai jamais vu si bien mis
Quand nous étions ensemble.

Léantio : Quand nous étions ensemble ?

Bianca : Mais certainement,
Il me semble que nous vivons mieux séparés.

Léantio : Vous êtes une putain.

Bianca : Fear nothing, sir.

Leantio : An impudent, spiteful strumpet.

Bianca : Oh sir, you give me thanks for your captainship;
I thought you had forgot all your good manners.

Leantio : And to spite thee as much, look there, there, read!
[*Shows her a letter.*]
Vex, gnaw, thou shalt find there I am not love-starved.
The world was never yet so cold, or pitiless,
But there was ever still more charity found out
Than at one proud fool's door; and 'twere hard, 'faith,
If I could not pass that. Read to thy shame there :
A cheerful and a beauteous benefactor too,
As ev'r erected the good works of love.

Bianca : [*Aside.*] Lady Livia!
Is't possible? Her worship was my pandress.
She dote, and send and give, and all to him!
Why, here's a bawd plagued home. [*To him.*] Y' are simply
[happy, sir,
Yet I'll not envy you.

Leantio : No, court-saint, not thou!
You keep some friend of a new fashion;
There's no harm in your devil, he's a suckling,
But he will breed teeth shortly, will he not?

Bianca : Take heed you play not then too long with him.

Leantio : Yes, and the great one too. I shall find time
To play a hot religious bout with some of you,
And perhaps drive you and your course of sins
To their eternal kennels. I speak softly now,
'Tis manners in a noble woman's lodgings,
And I well know all my degrees of duty.
But come I to your everlasting parting once,
Thunder shall seem soft music to that tempest.

Bianca : Parlez, parlez, monsieur.

Léantio : Une catin impudente et venimeuse.

Bianca : Ah, monsieur, voilà que vous me remerciez pour [votre charge de capitaine ;
Je pensais que vous aviez oublié vos bonnes manières.

Léantio : Et pour te faire ronger à ton tour, regarde, lis ceci. [*Il lui montre une lettre.*]
Rogne ! enrage ! Tu verras que je ne suis pas privé d'amour.
Le monde n'est pas si froid ou insensible
Qu'on ne puisse pas trouver charité ailleurs
Qu'à la porte d'une vaniteuse écervelée. Il serait bien dur
Que je ne rencontre mieux. Lis et sois confondue :
Et ma bienfaitrice est belle et enjouée,
Plus que quiconque jamais éleva un temple à l'amour.

Bianca : [*A part.*] Lady Livia !
Est-ce possible ? La très honorable maquerelle ?
Elle, être amoureuse ? Quémander et donner ? Et à lui !
La voici punie là où elle a péché. [*A Léantio.*] Votre bonheur [est grand, monsieur,
Mais il n'a rien d'enviable.

Léantio : Oh que non, sainte courtisane !
Toi, ton amant est de tout autre farine ;
Ton petit Lucifer est inoffensif, c'est un nourrisson ;
Mais il ne tardera pas à mettre des dents, tu verras !

Bianca : Prends garde alors de ne pas jouer trop longtemps [avec lui.

Léantio : Tout comme le grand Lucifer. Viendra le jour
De la croisade terrible, et je vous expédierai,
Vous, et votre meute de péchés,
A vos chenils éternels. Pour l'heure je parle bas,
Comme il sied dans les appartements d'une noble dame,
Et je sais trop quelles sont mes obligations.
Mais si je suis ici quand vous nous quitterez pour l'éternité,
Le tonnerre semblera musique harmonieuse à côté de cette [tempête.

Bianca : 'Twas said last week there would be change of [weather,
When the moon hung so ; and belike you heard it.

Leantio : Why, here's sin made, and nev'r a conscience put [to 't ;
A monster with all forehead and no eyes !
Why do I talk to thee of sense or virtue,
That art as dark as death ? And as much madness
To set light before thee, as to lead blind folks
To see the monuments, which they may smell as soon
As they behold ; marry, oft-times their heads,
For want of light, may feel the hardness of 'em.
So shall thy blind pride my revenge and anger,
That canst not see it now ; and it may fall
At such an hour when thou least seest of all.
So to an ignorance darker than thy womb
I leave thy perjured soul : a plague will come.

Exit.

Bianca : Get you gone first, and then I fear no greater !
Nor thee will I fear long : I'll have this sauciness
Soon banished from these lodgings, and the rooms
Perfumed well after the corrupt air it leaves.
His breath has made me almost sick, in troth.
A poor, base start-up ! Life ! Because h'as got
Fair clothes by foul means, comes to rail and show 'em.

Enter the Duke.

Duke : Who's that ?

Bianca : Cry you mercy, sir.

Duke : Prithee, who's that ?

Bianca : The former thing, my lord, to whom you gave
The captainship. He eats his meat with grudging still.

Bianca : La semaine dernière, quand la lune était si cornue,
[les gens disaient
Que le temps allait changer ; vous l'aurez entendu dire.

Léantio : C'est là péché endurci sans le moindre remords.
Visage monstrueux : front immense et pas d'yeux [41] !
Mais pourquoi te parler de raison et de vertu, à toi
Qui es plus noire que la mort ? Je suis aussi fou
De te montrer la lumière que si je menais les aveugles
Voir les monuments qu'il leur serait plus facile de humer
Que de contempler. A vrai dire, dans leurs ténèbres,
C'est souvent leur crâne qui en éprouve la dureté.
Ainsi ton orgueil aveugle éprouvera ma vengeance et ma
[colère.
Tu ne les vois pas, mais elles pourraient fondre sur
[toi
A l'heure où ton regard sera noyé de ténèbres.
A une ignorance plus noire que tes entrailles
J'abandonne ton âme parjure : la peste viendra.
Il sort.

Bianca : Toi parti, je n'en crains pas de pire !
Et tu ne me feras pas peur longtemps. Je ne tarderai pas
A faire bannir ton insolence de ces appartements.
Je les ferai parfumer pour en purifier l'air :
Son haleine corrompue a failli me rendre malade.
Un misérable parvenu ! Grands dieux !
Pour s'être procuré de nobles vêtements
Par des moyens ignobles, il vient en faire étalage et se railler.

Entre le duc.

Le Duc : Qui était-ce ?

Bianca : Pardonnez-moi, monsieur.

Le Duc : Dis-moi, qui était-ce ?

Bianca : Encore cette créature à qui vous avez donné
La charge de capitaine. Il renâcle toujours devant son
[assiette.

Duke : Still !

Bianca : He comes vaunting here of his new love,
And the new clothes she gave him : Lady Livia ;
Who but she now his mistress ?

Duke : Lady Livia ?
Be sure of what you say.

Bianca : He showed me her name, sir,
In perfumed paper, her vows, her letter,
With an intent to spite me : so his heart said,
And his threats made it good ; they were as spiteful
As ever malice uttered, and as dangerous,
Should his hand follow the copy.

Duke : But that must not.
Do not you vex your mind ; prithee to bed, go.
All shall be well and quiet.

Bianca : I love peace, sir.

Duke : And so do all that love ; take you no care for 't,
It shall be still provided to your hand.
Exit Bianca.
Who's near us there ?

Enter messenger.

Messenger : My lord ?

Duke : Seek out Hippolito,
Brother to lady Livia, with all speed.

Messenger : He was the last man I saw, my lord.
Exit [messenger].

Duke : Make haste.
He is a blood soon stirred ; and as he's quick
To apprehend a wrong, he's bold and sudden
In bringing forth a ruin. I know likewise
The reputation of his sister's honour's

Le Duc : Quoi, encore ?

Bianca : Il vient ici se glorifier de sa nouvelle maîtresse
Et des toilettes dont elle lui a fait présent. Lady Livia :
C'est d'elle et de nulle autre qu'il est l'amant.

Le Duc : Lady Livia ?
Êtes-vous bien sûre de ce que vous dites ?

Bianca : Pour exciter mon dépit,
Il m'a montré son nom, ses serments, sur le papier parfumé de
[la lettre.
La rage était dans son cœur, et dans ses menaces,
Aussi venimeuses que jamais proféra malice,
Et dangereuses aussi, si sa main ratifie son plan.

Le Duc : Cela ne sera pas.
Ne tourmente pas ton esprit. Je t'en prie, va au lit, va,
Et tout reviendra au calme et à l'ordre.

Bianca : J'aime être en paix, monsieur.

Le Duc : Comme tous les amants ; ne te tracasse pas,
Ta paix ne sera pas menacée.

Bianca sort.

Holà, quelqu'un !

Entre un messager.

Messager : Monseigneur ?

Le Duc : Va chercher Hippolito,
Le frère de Lady Livia. Fais vite.

Messager : Je viens de le voir à l'instant, monseigneur.

Il sort.

Le Duc : Hâte-toi.
Son sang est prompt à s'échauffer ; il est chatouilleux
Du moindre affront, hardi et impétueux,
Pressé de détruire son ennemi. De plus, je sais
Que l'honneur de sa sœur lui est aussi cher

As dear to him as life's blood to his heart;
Beside, I'll flatter him wih a goodness to her
Which I now thought on, but nev'r meant to practise
Because I know her base, and that wind drives him.
The ulcerous reputation feels the poise
Of lightest wrongs, as sores are vexed with flies.

Enter Hippolito.

He comes. Hippolito, welcome.

Hippolito : My loved lord.

Duke : How does that lusty widow, thy kind sister?
Is she not sped yet of a second husband?
A bed-fellow she has, I ask not that,
I know she's sped of him.

Hippolito : Of him, my lord!

Duke : Yes, of a bed-fellow; is the news so strange to you?

Hippolito : I hope 'tis so to all.

Duke : I wish it were, sir,
But 'tis confessed too fast. Her ignorant pleasures,
Only by lust instructed, have received
Into their services an impudent boaster,
One that does raise his glory from her shame,
And tells the midday sun what is done in darkness;
Yet blinded with her appetite, wastes her wealth,
Buys her disgraces at a dearer rate
Than bounteous housekeepers purchase their honour.
Nothing sads me so much as that, in love
To thee and to thy blood, I had picked out
A worthy match for her, the great Vincentio,
High in our favour and in all men's thoughts.

Que le sang vital l'est à son propre cœur.
En outre, je ferai miroiter certaine faveur pour Livia
A quoi j'avais pensé sans vraiment vouloir l'accorder,
Car je connais sa vilenie : cette brise gonflera ses voiles.
Une réputation meurtrie ressent vivement
L'injure la plus bénigne, comme ces plaies tourmentées par les [mouches.

Entre Hippolito.

Le voici. Bienvenu, Hippolito.

Hippolito : Mon cher seigneur.

Le Duc : Quelles nouvelles de votre aimable sœur, cette [gaillarde veuve ?
N'est-elle toujours pas nantie d'un second mari ?
Je ne vous demande pas si elle a un amant :
Avec lui, je sais qu'elle est fort bien nantie.

Hippolito : Avec lui, monseigneur !

Le Duc : Oui, son amant. Est-ce une surprise pour vous ?

Hippolito : J'espère que c'en est une pour tous.

Le Duc : Je regrette qu'il n'en soit rien.
L'affaire est notoire : ses plaisirs indisciplinés
Soumis à ses seuls désirs, ont été honorés
Par un vantard impudent, un homme
Qui tire gloire de sa honte, et proclame au soleil de midi
Les actions perpétrées dans l'ombre ; pourtant,
Aveuglée par ses désirs, elle dilapide sa fortune,
Achète sa disgrâce à plus grands frais que l'on acquiert
Bonne réputation pour une hospitalité munificente.
Ceci m'attriste fort, d'autant que par amour
Pour toi et ta lignée, j'avais choisi
Un noble parti pour elle, le grand Vincentio,
Haut placé dans nos faveurs et dans l'estime de tous.

Hippolito : Oh thou destruction of all happy fortunes,
Unsated blood! Know you the name, my lord,
Of her abuser?

Duke : One Leantio.

Hippolito : He's a factor.

Duke : He nev'r made so brave a voyage
By his own talk.

Hippolito : The poor old widow's son!
I humbly take my leave.

Duke : [*Aside.*] I see 'tis done.
[*To him.*]
Give her good counsel, make her see her error;
I know she'll hearken to you.

Hippolito : Yes, my lord.
I make no doubt, as I shall take the course
Which she shall never know till it be acted;
And when she wakes to honour, then she'll thank me for 't.
I'll imitate the pities of old surgeons
To this lost limb, who, ere they show their art,
Cast one asleep, then cut the diseased part:
So out of love to her I pity most,
She shall not feel him going till he's lost;
Then she'll commend the cure. *Exit.*

Duke : The great cure's past.
I count this done already: his wrath's sure
And speaks an injury deep. Farewell Leantio,
This place will never hear thee murmur more.

Enter Lord Cardinal attended.

Our noble brother, welcome.

Lord Cardinal : Set those lights down.
Depart till you be called.
[*Exeunt attendants.*]

Hippolito : Oh, ruine de toute bonne fortune, toi,
Chair inassouvie ! Monseigneur, connaissez-vous
Le nom de celui qui ainsi abuse d'elle ?

Le Duc : Un certain Léantio.

Hippolito : Le courtier ?

Le Duc : A l'en croire, jamais voyage d'affaire
Ne lui fut si profitable.

Hippolito : Le fils de la misérable vieille veuve !
Je prends humblement congé.

Le Duc : [*A part.*] Je vois que cela marche.
[*A Hippolito.*]
Donnez-lui de bons conseils, faites-lui voir son erreur,
Je sais qu'elle vous écoutera.

Hippolito : Certes, monseigneur.
Je n'en doute pas, et j'agirai si bien
Qu'elle n'en saura rien avant que ce soit fait ;
Quand elle s'éveillera à l'honneur, elle me remerciera.
J'aurai pour elle la compassion des vieux chirurgiens,
Quand un membre est condamné. Avant d'exercer leur prati-
[que,
Et d'amputer le membre, ils vous endorment.
Ainsi, par amour pour elle qui m'inspire si grande pitié,
Quand elle sentira l'ablation, il sera déjà perdu,
Et elle louera alors ce traitement salutaire. *Il sort.*

Le Duc : Le traitement a déjà touché son terme.
Je considère que c'est fait : sa fureur est certaine,
Et témoigne d'une blessure profonde. Adieu, Léantio,
Ces lieux ne t'entendront plus murmurer.

Entrent le Lord Cardinal et sa suite.

Bienvenue à notre noble frère.

Lord Cardinal : Posez ces flambeaux.
Laissez-nous jusqu'à ce que je vous appelle.
[*Les gens de la suite sortent.*]

Duke : There's serious business
Fixed in his look ; nay, it inclines a little
To the dark colour of discontentment.
Brother, what is't commands your eye so powerfully ?
Speak, you seem lost.

Lord Cardinal : The thing I look on seems so
To my eyes, lost for ever.

Duke : You look on me.

Lord Cardinal : What a grief 'tis to a religious feeling
To think a man should have a friend so goodly,
So wise, so noble, nay, a duke, a brother ;
And all this certainly damned !

Duke : How !

Lord Cardinal : 'Tis no wonder,
If your great sin can do 't. Dare you look up,
For thinking of a vengeance ? Dare you sleep,
For fear of never waking, but to death ?
And dedicate unto a strumpet's love
The strength of your affections, zeal and health ?
Here you stand now. Can you assure your pleasures
You shall once more enjoy her, but once more ?
Alas, you cannot ! What a misery 'tis, then,
To be more certain of eternal death
Than of a next embrace. Nay, shall I show you
How more unfortunate you stand in sin
Than the low private man ? All his offences,
Like enclosed grounds, keep but about himself,
And seldom stretch beyond his own soul's bounds ;
And when a man grows miserable, 'tis some comfort
When he's no further charged than with himself :
'Tis a sweet ease to wretchedness. But, great man,
Ev'ry sin thou commit'st shows like a flame
Upon a mountain : 'tis seen far about,
And with a big wind made of popular breath
The sparkles fly through cities ; here one takes,

Le Duc : Un grave dessein
S'inscrit dans ses yeux ; son regard semble même
Prendre les sombres couleurs du déplaisir.
Mon frère, quelle émotion exerce un tel empire
Sur votre mine ? Parlez, vous semblez égaré.

Lord Cardinal : C'est l'objet même de mon regard
Qui me semble égaré à jamais.

Le Duc : C'est moi que vous regardez.

Lord Cardinal : Quel chagrin pour une âme religieuse
D'avoir un ami de si belle apparence, si sage,
Si noble, et qui plus est un duc, un frère,
Et, avec tout cela, voué à une damnation certaine !

Le Duc : Comment !

Lord Cardinal : Rien d'étrange :
La gravité de votre péché est damnable. Osez-vous
Lever les yeux et penser au châtiment ? Osez-vous
Dormir de peur de ne vous éveiller qu'à la mort ?
Et vouer à l'amour d'une catin, la vigueur
De vos affections, de vos ardeurs, de votre santé ?
Vous voici en cet instant.
Pouvez-vous donner à votre lubricité l'assurance
De posséder cette femme encore une fois, une seule ?
Hélas, vous ne le pouvez pas ! Quelle misère, alors,
D'être plus certain d'une mort éternelle
Que de sa prochaine étreinte ! Pis, vous dirai-je en quoi
Votre état de péché dépasse en infortune la misère
De l'homme du commun. Toutes ses fautes à lui
Comme troupeau dans un enclos, restent massées auprès de lui
Et ne s'égaillent guère au-delà des limites de son âme ;
Quand on plonge dans la misère, c'est une consolation
De n'avoir a répondre que de soi-même : consolation
Précieuse dans le malheur. Mais, grand homme,
Chacun de tes péchés se proclame aux yeux de tous
Comme un incendie au sommet d'une montagne : on le voit de [très loin,
Le grand vent de la rumeur populaire l'attise
Et les escarbilles se répandent dans les cités. L'une met le feu ici,

Another catches there, and in short time
Wastes all to cinders. But remember still,
What burnt the valleys, first came from the hill.
Ev'ry offence draws his particular pain,
But 'tis example proves the great man's bane.
The sins of mean men lie like scattered parcels
Of an unperfect bill; but when such fall,
Then comes example, and that sums up all.
And this your reason grants : if men of good lives,
Who by their virtuous actions stir up others
To noble and religious imitation,
Receive the greater glory after death —
As sin must needs confess — what may they feel
In height of torments and in weight of vengeance,
Not only they themselves not doing well,
But set a light up to show men to Hell.

Duke : If you have done, I have. No more, sweet brother.

Lord Cardinal : I know time spent in goodness is too [tedious;
This had not been a moment's space in lust, now.
How dare you venture on eternal pain,
That cannot bear a minute's reprehension?
Methinks you should endure to hear that talked of
Which you so strive to suffer. Oh, my brother!
What were you, if you were taken now?
My heart weeps blood to think on 't; 'tis a work
Of infinite mercy you can never merit,
That yet you are not death-struck, no, not yet.
I dare not stay you long, for fear you should not
Have time enough allowed you to repent in.
There's but this wall between you and destruction
When y' are at strongest; and but poor thin clay,
Think upon 't, brother. Can you come so near it
For a fair strumpet's love, and fall into
A torment that knows neither end nor bottom
For beauty but the deepness of a skin,
And that not of their own, neither? Is she a thing
Whom sickness dare not visit, or age look on,

L'autre prend plus loin, et en peu de temps
Tout est réduit en cendres. Mais souviens-toi
Que l'incendie des vallées a pris dans la montagne.
A chaque faute est attribuée une souffrance particulière,
Mais c'est leur fonction exemplaire qui est le fléau des grands.
Les péchés des gens communs ne sont qu'articles divers
Sur une facture incomplète ; mais à la chute des grands,
L'exemple est là qui dresse le grand total de la dette.
Cela tombe sous le sens : si les hommes vertueux
Dont les bonnes actions ont enflammé le zèle des autres
Et provoqué une noble et pieuse émulation,
Reçoivent la gloire la plus éclatante après leur mort
— Force est au péché d'en convenir —
Quel comble de tourments, quel poids de châtiments
Doit alors être le lot de ceux qui, non seulement
Ont mal agi eux-mêmes, mais ont brandi
Le flambeau qui a guidé les autres vers l'Enfer.

Le Duc : Si vous avez fini, brisons là ! Assez, mon frère.

Lord Cardinal : Je sais que le temps donné à la vertu est [fastidieux ;
Donné à vos plaisirs, ce n'eût été qu'un instant.
Comment osez-vous risquer la souffrance éternelle
Quand vous ne souffrez pas une minute de réprimande ?
Vous devriez, je crois, tolérer qu'on vous parle
De ces peines auxquelles visent tous vos efforts. Oh, mon frère,
Qu'en serait-il de vous, si vous étiez surpris là ?
Mon cœur en pleure des larmes de sang. C'est l'œuvre
D'une charité infinie que vous ne méritez en rien
Si la mort ne vous a pas frappé. Non, pas encore.
Je n'ose trop vous retenir, de peur qu'il ne vous reste
Plus assez de temps pour vous repentir. Au mieux
De votre force, il n'y a que ce mur de chair
Entre vous et l'anéantissement, et c'est pauvre et mince argile.
Pensez-y, mon frère ! Pouvez-vous ainsi côtoyer l'abîme
Pour l'amour d'une belle catin ? Vous précipiter
Dans des tourments sans fonds et éternels
Pour une beauté qui n'est qu'à fleur de peau
Et ne lui est même pas naturelle. Est-elle à l'abri
Des afflictions de la maladie, de l'âge, ou de la mort ?

Or death resist? Does the worm shun her grave?
If not, as your soul knows it, why should lust
Bring man to lasting pain, for rotten dust?

Duke : Brother of spotless honour, let me weep
The first of my repentance in thy bosom,
And show the blest fruits of a thankful spirit;
And if I e'er keep woman more, unlawfully,
May I want penitence at my greatest need;
And wise men know there is no barren place
Threatens more famine, than a dearth in grace.

Lord Cardinal : Why, here's a conversion is at this time, [brother,
Sung for a hymn in Heaven; and at this instant
The powers of darkness groan, makes all Hell sorry.
First, I praise Heaven, then in my work I glory.
Who's there attends without?

Enter servants.

One Servants : My lord?

Lord Cardinal : Take up those lights; there was a thicker [darkness
When they came first. The peace of a fair soul.
Keep with my noble brother.

Duke : Joys be with you, sir.
Exit [Lord] Cardinal, etc.
She lies alone tonight for 't; and must still
Though it be hard to conquer. But I have vowed
Never to know her as a strumpet more,
And I must save my oath. If fury fail not,
Her husband dies tonight, or at the most
Lives not to see the morning spent tomorrow;
Then will I make her lawfully mine own,

Les vers se tiendront-ils à l'écart de sa tombe ?
S'il n'en est rien, tu le sais bien en ton âme, pourquoi la luxure
Conduirait-elle à la douleur éternelle pour une poignée de
[poussière décomposée ?

Le Duc : Oh, mon frère dont l'honneur est sans tache,
C'est sur ton cœur que je veux verser les premières larmes de
[mon repentir,
Prémices heureuses de mon âme reconnaissante :
Si jamais je connais encore maîtresse illégitime,
Que la pénitence me fasse défaut à l'heure de ma plus grande
[nécessité ;
La sagesse sait qu'il n'est terre si stérile, menacée
De disette plus terrible que celle de l'âme privée de la grâce.

Lord Cardinal : Mon frère, en ce moment même, cette conversion
Est un hymne qui retentit dans les Cieux. En cet instant
Les puissances des ténèbres gémissent, l'Enfer se désole.
Grâce soit rendue au Ciel, je tire gloire de mon œuvre.
Holà, quelqu'un !

Entrent les serviteurs de la suite.

Serviteur : Monseigneur ?

Lord Cardinal : Reprenez ces flambeaux ! Les ténèbres étaient [plus épaisses
Tout à l'heure. Que la paix d'une âme heureuse
Accompagne mon noble frère.

Le Duc : La joie soit avec vous, monsieur.

Le [Lord] Cardinal et sa suite sortent.

Elle dort seule cette nuit : je dois persévérer,
Si dur que cela soit pour moi. J'ai fait le vœu
De ne plus la connaître comme catin
Et je dois m'y tenir. Si la fureur tient ses promesses,
Son mari meurt ce soir, ou tout au plus,
Il ne verra pas le soleil de demain à midi ;
Elle deviendra alors légitimement mienne,

Without this sin and horror. Now I'm chidden
For what I shall enjoy then unforbidden ;
And I'll not freeze in stoves ; 'tis but a while
Live like a hopeful bridegroom, chaste from flesh,
And pleasure then will seem new, fair and fresh.

Exit.

Act IV, Scene 2

Enter Hippolito.

Hippolito : The morning so far wasted, yet his baseness
So impudent ? See if the very sun do not blush at him !
Dare he do thus much, and know me alive !
Put case one must be vicious, as I know myself
Monstrously guilty, there's a blind time made for 't ;
He might use only that, 'twere conscionable :
Art, silence, closeness, subtlety and darkness
Are fit for such a business. But there's no pity
To be bestowed on an apparent sinner,
An impudent, daylight lecher. The great zeal
I bear to her advancement in this match
With Lord Vincentio, as the Duke has wrought it
To the perpetual honour of our house,
Puts fire into my blood, to purge the air
Of this corruption, fear it spread too far
And poison the whole hopes of this fair fortune.
I love her good so dearly, that no brother
Shall venture farther for a sister's glory
Than I for her preferment.

Et j'échapperai au péché et à l'exécration. Maintenant,
On me blâme pour ce dont je pourrai jouir librement,
Et je ne suis pas homme à geler dans un logis chauffé.
Ce ne sera pas long : je vivrai
Comme le fiancé qui vit dans l'espérance
D'un plaisir vif et neuf après son abstinence.

Il sort.

Acte IV, Scène 2

Entre Hippolito.

Hippolito : Peut-il donc, le matin si avancé, afficher sa [vilenie
Avec tant d'impudence ? Le soleil même en rougit.
Ose-t-il agir ainsi, sachant que je suis en vie ?
Si tant est qu'on doive céder au vice, et je sais trop bien
Combien ma faute est monstrueuse, il est pour cela une heure [obscure
Qu'il pourrait mettre à profit. Il y aurait là scrupule.
La ruse, le silence, le secret, la subtilité, l'ombre,
Conviennent à de telles affaires ; mais aucune pitié
Ne peut aller à celui qui faute ouvertement,
Au pécheur éhonté qui fornique au grand jour.
Mon ardeur à servir son avancement en cette union
Avec lord Vincentio, par laquelle le Duc honore à jamais notre [maison,
Enflamme mon sang impatient de purger l'air
De cette corruption, de peur qu'elle se répande
Et empoisonne tout espoir de si bonne fortune.
Je lui suis si dévoué qu'aucun frère n'est prêt
A courir autant de risques pour la gloire de sa sœur.

Enter Leantio and a page.

Leantio : Once again
I'll see that glistering whore shines like a serpent,
Now the court sun's upon her. Page !

Page : Anon, sir !

Leantio : I'll go in state, too ; see the coach be ready !
I'll hurry away presently. [*Exit page.*]

Hippolito : Yes, you shall hurry,
And the Devil after you ; take that at setting forth.
[*Strikes him.*]
Now, and you'll draw, we are upon equal terms, sir :
Thou tookst advantage of my name in honour
Upon my sister ; I nev'r saw the stroke
Come, till I found my reputation bleeding ;
And therefore count it I no sin to valour
To serve thy lust so. Now we are of even hand,
Take your best course against me. You must die.

Leantio : How close sticks envy to man's happiness !
When I was poor, and little cared for life,
I had no such means offered me to die,
No man's wrath minded me. [*Draws.*]
Slave, I turn this to thee,
To call thee to account for a wound lately
Of a base stamp upon me.

Hippolito : 'Twas more fit
For a base mettle. Come and fetch one now
More noble, then ; for I will use thee fairer
Than thou hast done thine own soul, or our honour.
[*They fight ; Leantio falls.*]
And there, I think, 'tis for thee.

Within : Help ! help ! Oh, part them !

Leantio : False wife ! I feel now th' hast prayed heartily for
[me.

Entre Léantio accompagné d'un page.

Léantio : Une fois encore, je vais voir
Cette putain étincelante briller de l'éclat du serpent
Au soleil de la cour. Holà, mon page !

Page : Voilà, monsieur !

Léantio : Je vais m'y rendre en grand équipage. Fais pré-
[parer mon carrosse !
Je dois me hâter. [*Le page sort.*]

Hippolito : Oui, hâte-toi,
Et le diable à tes trousses ! Prends ce viatique.
[*Il lui donne un coup d'épée.*]
Maintenant, si tu tires ton épée, le combat est égal :
Tu as porté atteinte à mon nom en meurtrissant
L'honneur de ma sœur ; je n'ai pas vu le coup
Avant que ma réputation saigne déjà de sa blessure ;
J'estime ne pas déroger à la valeur
Si j'en use ainsi avec ta débauche. Nous voici sur le même pied.
Défends-toi si tu peux. Tu dois mourir.

Léantio : Comme l'envie talonne de près le bonheur !
Quand j'étais pauvre et ne me souciais peu de vivre,
Je n'avais pas de telles occasions de mourir.
Nul homme en sa colère ne me cherchait.
[*Il tire son épée.*]
Chien, voici mon épée
Qui te demande raison de ce coup contre moi,
Marqué du sceau de ton abjection.

Hippolito : Ainsi qu'il sied
A créature de trempe abjecte. Viens alors recevoir
Plus noble blessure ; je serai pour toi plus loyal
Que tu ne le fus pour ton âme ou pour notre honneur.
[*Ils se battent. Léantio tombe.*]
Et voici ton compte, je pense.

Voix en coulisse : A l'aide ! à l'aide ! séparez-les !

Léantio : Épouse perfide ! Je vois que tu as mis tout ton
[cœur à prier pour moi.

Rise, strumpet, by my fall, thy lust may reign now;
My heart-string and the marriage-knot that tied thee
Breaks both together. [*He dies.*]

Hippolito : There I heard the sound on 't,
And never liked string better.

Enter Guardiano, Livia, Isabella, Ward, and Sordido.

Livia : 'Tis my brother,
Are you hurt, sir?

Hippolito : Not anything.

Livia : Blessed fortune!
Shift for thyself. What is he thou hast killed?

Hippolito : Our honour's enemy.

Guardiano : Know you this man, lady?

Livia : Leantio? My love's joy! Wounds stick upon thee
As deadly as thy sins! Art thou not hurt?
The Devil take that fortune. And he dead!
Drop plagues into thy bowels without voice,
Secret and fearful. Run for officers!
Let him be apprehended with all speed,
For fear he 'scape away; lay hands on him.
We cannot be too sure. 'Tis wilful murder.
You do Heaven's vengeance and the law just service.
You know him not as I do: he's a villain,
As monstrous as a prodigy, and as dreadful.

Hippolito : Will you but entertain a noble patience
Till you but hear the reason, worthy sister!

Livia : The reason! That's a jest Hell falls a-laughing at!
Is there a reason found for the destruction
Of our more lawful loves? And was there none
To kill the black lust between thy niece and thee
That has kept close so long?

Élève-toi, catin, par ma chute, ta débauche peut régner.
La corde de mon cœur et le nœud conjugal
Se brisent dans le même instant. [*Il meurt.*]

Hippolito : Je l'entends se briser.
Jamais instrument à corde n'eut un son plus doux.

Entrent Guardiano, Livia, Isabella, le pupille et Sordido.

Livia : C'est mon frère ;
Êtes-vous blessé, monsieur ?

Hippolito : Rien de grave.

Livia : Dieu merci !
Sauve-toi ! Qui est celui que tu as tué ?

Hippolito : L'ennemi de notre honneur.

Guardiano : Connaissez-vous cet homme, madame ?

Livia : Léantio ? Mon amour et ma joie ! Puissent des [meurtrissures aussi mortelles
Que tes péchés s'attacher à toi ! Tu n'es pas blessé !
Que le diable t'emporte ! Et lui, mort !
Que la peste insidieuse et terrible dévore tes entrailles
A ton insu. Courez chercher les officiers !
Qu'on l'arrête en toute hâte, de peur
Qu'il ne s'enfuie. Emparez-vous de lui.
On n'est jamais trop sûr. C'est un meurtre délibéré :
Vous servez la justice et la vengeance divine.
Vous ne le connaissez pas comme moi : c'est un scélérat,
Aussi difforme qu'un monstre, et aussi redoutable.

Hippolito : Daignez seulement avoir la patience
D'entendre la raison, ma digne et noble sœur !

Livia : La raison ! C'est une plaisanterie qui fait rire l'Enfer !
Peut-on trouver raison à la destruction
De nos amours les plus licites, et n'en point trouver
Pour tuer la noire débauche qui, entre ta nièce et toi,
Règne depuis si longtemps en secret ?

Guardiano : How's that, good madam ?

Livia : Too true, sir ! There she stands, let her deny 't ;
The deed cries shortly in the midwife's arms,
Unless the parents' sins strike it still-born ;
And if you be not deaf and ignorant,
You'll hear strange notes ere long. Look upon me, wench !
'Twas I that betrayed thy honour subtilly to him
Under a false tale ; it lights upon me now ;
His arm has paid me home upon thy breast,
My sweet, beloved Leantio !

Guardiano : Was my judgment
And care in choice so dev'lishly abused,
So beyond shamefully ? All the world will grin at me !

Ward : Oh Sordido, Sordido, I'm damned, I'm damned !

Sordido : Damned ? Why, sir ?

Ward : One of the wicked ; dost not see 't ?
A cuckold, a plain reprobate cuckold !

Sordido : Nay, and you be damned for that, be of good cheer, sir, y' have gallant company of all professions ; I'll have a wife next Sunday too, because I'll along with you myself.

Ward : That will be some comfort yet.

Livia : [*To Guardiano*] You, sir, that bear your load of [injuries
As I of sorrows, lend me your grieved strength
To this sad burthen who, in life, wore actions
Flames were not nimbler. We will talk of things
May have the luck to break our hearts together.

Guardiano : Comment cela, ma bonne dame ?

Livia : Ce n'est que trop vrai ! Puisqu'elle est ici, qu'elle le [nie !
Le forfait criera bientôt dans les bras de la sage-femme
S'il n'est pas mort-né pour la faute de ses parents.
Si vous n'êtes pas sourds et ne vous bouchez pas les oreilles, [vous entendrez bientôt
Le babil d'une voix inconnue. Regarde-moi, ma fille !
Ce sont mes intrigues qui, sous couvert de mensonge
Ont livré ton honneur. Ma trahison se retourne contre moi :
Son bras me frappe en retour sur ton sein,
Mon doux bien aimé Léantio !

Guardiano : Mon jugement et le soin
Que j'ai pris à choisir sont-ils diaboliquement abusés
Au-delà de toute honte ? Je serai la risée de tous !

Le Pupille : Oh Sordido, Sordido, je suis damné, damné !

Sordido : Damné, pourquoi, monsieur ?

Le Pupille : Je suis maudit, ne vois-tu pas ?
Je suis cocu, cocu ! Purement et simplement réprouvé !

Sordido : Eh bien, si vous êtes damné pour cela, consolez-vous, monsieur, vous êtes en bonne compagnie de toute profession. Je vais moi-même prendre femme ce dimanche pour rester aussi avec vous.

Le Pupille : Ce sera toujours une consolation.

Livia : [*A Guardiano.*] Monsieur, vous qu'accablent les [outrages
Comme moi les chagrins, dans votre douleur,
Prêtez-moi votre force pour porter ce triste fardeau,
Cet homme dont la vie avait la fougue ardente de la flamme.
Peut-être, en parlant de ces choses,
Nos cœurs auront-ils la chance de se briser ensemble.

Guardiano : I'll list to nothing but revenge and anger, Whose counsels I will follow.

Exeunt Livia and Guardiano [carrying Leantio's body].

Sordido : A wife, quoth'a ! Here's a sweet plum-tree of your guardiner's graffing !

Ward : Nay, there's a worse name belongs to this fruit yet, and you could hit on 't, a more open one : for he that marries a whore looks like a fellow bound all of his lifetime to a medlar-tree, and that's good stuff : 'tis no sooner ripe but it looks rotten, and so do some queans at nineteen. A pox on 't, I thought there was some knavery abroach, for something stirred in her belly the first night I lay with her.

Sordido : What, what, sir ?

Ward : This is she brought up so courtly ! Can sing and dance, — and tumble too, methinks. I'll never marry wife again that has so many qualities.

Sordido : Indeed, they are seldom good, master. For likely, when they are taught so many, they will have one trick more of their own finding out. Well, give me a wench but with one good quality, to lie with none but her husband, and that's bringing-up enough for any woman breathing.

Ward : This was the fault when she was tendered to me ; you never looked to this.

Sordido : Alas, how would you have me see through a great farthingale, sir ? I cannot peep through a millstone, or in the going, to see what's done i'th' bottom.

Ward : Her father praised her breast, sh' had the voice, forsooth ! I marvelled she sang so small indeed, being no maid. Now I perceive there's a young chorister in her belly. This breeds a singing in my head, I'm sure.

Guardiano : Je n'entendrai que la vengeance et la colère, Et je suivrai leurs conseils.

Livia et Guardiano sortent [en emportant le corps de Léantio.]

Sordido : Une épouse, qu'il dit ! La greffe de votre tuteur-jardinier donne une bien juteuse figue !

Le Pupille : Ce fruit-là a aussi un autre nom moins flatteur que tu pourrais lui donner : celui de nèfle ouverte [42]. Car celui qui épouse une putain ressemble à un homme qui passe sa vie attaché à un néflier. Drôles de fruits qui ont l'air pourris avant d'être mûrs, comme certaines traînées à dix-neuf ans. Que la vérole l'emporte, je me doutais bien qu'il y avait anguille sous roche, parce que quelque chose remuait dans son ventre la première nuit que j'ai passée avec elle.

Sordido : Quoi, quoi, monsieur ?

Le Pupille : C'est là cette fille qui a reçu si bonne éducation, qui sait chanter, danser, ... et faire la cabriole aussi, j'ai l'impression. C'est bien la dernière fois que j'épouse une femme qui a tant de talents.

Sordido : Ma foi, mon maître, elles font rarement de bonnes épouses ; après avoir appris tant de choses, il y a toutes les chances pour qu'elles découvrent seules un tour de main supplémentaire. Ah, donnez-moi une fille dont l'unique talent soit l'art de ne coucher qu'avec son seul mari, une femme n'a pas besoin d'en apprendre plus.

Le Pupille : C'était là le défaut, et tu ne l'as pas vu quand on me l'a présentée.

Sordido : Hélas, comment voulez-vous que je voie à travers un grand vertugadin ? Je n'ai pas le regard si pénétrant qu'il traverse une meule de moulin, en train de tourner en plus, pour voir ce qui se passe dans les dessous.

Le Pupille : Son père louait sa voix de gorge, et, ma foi, elle savait chanter ! Je m'étonnais qu'elle ait la voix si haute, n'étant plus petite fille. Je comprends maintenant : c'était la voix du jeune choriste dans son ventre. Pour sûr, j'en ai les oreilles qui tintent [43].

Sordido : 'Tis but the tune of your wife's cinquepace, danced in a featherbed. 'Faith, go lie down, master ; but take heed your horns do not make holes in the pillowberes ! [*Aside.*] I would not batter brows with him for a hogshead of angels ; he would prick my skull as full of holes as a scrivener's sandbox.

Exeunt Ward and Sordido.

Isabella : [*Aside.*] Was ever maid so cruelly beguiled
To the confusion of life, soul and honour,
All of one woman's murd'ring ! I 'd fain bring
Her name no nearer to my blood than woman,
And 'tis too much of that. Oh shame and horror !
In that small distance from yon man to me
Lies sin enough to make a whole world persish.
[*To Hippolito.*]
'Tis time we parted, sir, and left the sight
Of one another ; nothing can be worse
To hurt repentance, for our very eyes
Are far more poisonous to religion
Than basilisks to them. If any goodness
Rest in you, hope of comforts, fear of judgments,
My request is, I nev'r may see you more ;
And so I turn me from you everlastingly,
So is my hope to miss you. But for her,
That durst so dally with a sin so dangerous,
And lay a snare so spitefully for my youth,
If the least means but favour my revenge,
That I may practise the same cruel cunning
Upon her life as she has on mine honour,
I'll act it without pity.

Hippolito : Here's a care
Of reputation and a sister's fortune
Sweetly rewarded by her ! Would a silence,
As great as that which keeps among the graves,
Had everlastingly chained up her tongue.
My love to her has made mine miserable.

Sordido : C'est le son de la gaillarde que danse votre épouse dans un lit de plumes. Allez donc vous coucher, mon maître, mais prenez garde que vos cornes ne fassent pas des trous dans les oreillers. [*A part.*] Je ne voudrais pas lutter avec lui front contre front pour un baril de ducats : il percerait mon crâne comme le bouchon du sablier d'un écrivain public.

Le pupille et Sordido sortent.

Isabella : [*A part.*] A-t-on jamais vu vierge ainsi entraînée [par traîtrise
A la perte de sa vie, de son âme et de son honneur,
Tous assassinés par une seule femme ? Je voudrais
Que le seul titre qui la lie à mon sang
Fût celui de femme, et ce serait encore trop. Oh, honte !
L'infime distance entre moi et cet homme
Enferme assez de péché pour détruire un monde.
[*A Hippolito.*]
Il est temps, monsieur, de nous séparer et de ne jamais nous [revoir.
Rien ne pourrait être plus contraire à notre repentir,
Car nos yeux mêmes sont plus fatals à la piété
Que l'œil du basilic croisant notre regard [44].
S'il est en vous quelque bonté, quelque espoir de salut,
Quelque crainte du jugement,
Je vous demande d'éviter ma vue à jamais.
Or donc je me détourne de vous pour l'éternité
Dans l'espoir de n'y être point réunis. Quant à elle
Qui a eu l'audace de se jouer d'un péché si funeste
Et si malignement de tendre un piège à mon innocence,
Si jamais se présente quelque moyen de servir ma vengeance,
Qui me permette de machiner contre sa vie invention
Aussi cruelle qu'elle machina contre mon honneur,
J'agirai sans pitié.

Hippolito : Me voici payé aimablement pour les soins
Portés à la réputation et à la fortune d'une sœur !
Je voudrais que le silence absolu de la tombe
Ait éternellement lié sa langue. L'amour que je lui porte
A plongé mon amour dans le malheur.

Enter Guardiano and Livia [who talk together aside].

Guardiano : If you can but dissemble your heart's griefs now,
Be but a woman so far.

Livia : Peace ! I'll strive, sir.

Guardiano : As I can wear my injuries in a smile,
Here's an occasion offered, that gives anger
Both liberty and safety to perform
Things worth the fire it holds, without the fear
Of danger, or of law ; for mischiefs acted
Under the privilege of a marriage-triumph
At the Duke's hasty nuptials will be thought
Things merely accidental : all's by chance,
Not got of their own natures.

Livia : I conceive you, sir,
Even to a longing for performance on 't ;
And here behold some fruits.
[*She kneels to Isabella and Hippolito.*]
Forgive me both.
What I am now, returned to sense and judgment,
Is not the same rage and distraction
Presented lately to you ; that rude form
Is gone for ever. I am now myself,
That speaks all peace and friendship ; and these tears
Are the true springs of hearty, penitent sorrow
For those foul wrongs which my forgetful fury
Sland'red your virtues with. This gentleman
Is well resolved now.

Guardiano : I was never otherways.
I knew, alas, 'twas but your anger spake it,
And I nev'r thought on 't more.

Hippolito : Pray rise, good sister.

Isabella : [*Aside.*] Here's ev'n as sweet amends made for a [wrong now
As one that gives a wound, and pays the surgeon :
All the smart's nothing, the great loss of blood,

Guardiano et Livia entrent [conversant entre eux].

Guardiano : Comportez-vous seulement en femme,
Et dissimulez les tourments de votre cœur.

Livia : Il suffit, monsieur, je m'y efforcerai.

Guardiano : Si je peux cacher mes griefs sous un sourire,
C'est ici l'occasion de laisser à la colère
La liberté de mettre en œuvre impunément
Toute la violence de ses feux, sans craindre
Ni le danger, ni la rigueur de la loi : les méfaits
Accomplis sous la licence des célébrations nuptiales
Aux noces précipitées du Duc, passeront
Pour de simples accidents dus au pur hasard
Et non point conçues malignement.

Livia : Je vous entends, monsieur,
Et je suis impatiente de voir naître de telles actions ;
Voyez éclore ici les premiers fruits.
[*Elle s'agenouille devant Isabella et Hippolito.*]
Pardonnez-moi, l'un et l'autre.
La raison et le jugement qui me gouvernent à nou- [veau
Sont étrangers à la rage et aux emportements
Dont je fis montre envers vous à l'instant ;
Ces dehors sauvages m'ont quitté à jamais. Désormais
Je suis moi-même et vous parle de paix et d'amitié.
Mes larmes jaillissent au repentir sincère du cœur ;
Et les injures dont ma fureur aveugle
A calomnié vos vertus, j'en ai donné satisfaction
A ce gentilhomme.

Guardiano : Je n'ai jamais pensé autrement :
Je savais bien, hélas, que c'était votre colère qui parlait,
Et je n'y ai pas accordé d'autre importance.

Hippolito : Relevez-vous, je vous en prie, ma sœur.

Isabella : [*A part.*] C'est là faire amende à la façon
De celui qui inflige une blessure et paie le chirurgien.
Oubliés la douleur, la perte de sang, et le temps

Or time of hindrance! Well, I had a mother,
I can dissemble too. [*To Livia.*] What wrongs have slipped
Through anger's ignorance, aunt, my heart forgives.

Guardiano : Why, this is tuneful now.

Hippolito : And what I did, sister,
Was all for honour's cause, which time to come
Will approve to you.

Livia : Being awaked to goodness,
I understand so much, sir, and praise now
The fortune of your arm, and of your safety;
For by his death y' have rid me of a sin
As costly as ev'r woman doted on.
'T has pleased the Duke so well too that (behold, sir)
H'as sent you here your pardon, which I kissed
With most affectionate comfort; when 'twas brought,
Then was my fit just past; it came so well, methought,
To glad my heart.

Hippolito : I see his grace thinks on me.

Livia : There's no talk now but of the preparation
For the great marriage.

Hippolito : Does he marry her, then?

Livia : With all speed, suddenly, as fast as cost
Can be laid on with many thousand hands.
This gentleman and I had once the purpose
To have honoured the first marriage of the Duke
With an invention of his own. 'Twas ready,
The pains well past, most of the charge bestowed on 't;
Then came the death of your good mother, niece,
And turned the glory of it all to black.
'Tis a device would fit these times so well, too,
Art's treasury not better. If you'll join,
It shall be done; the cost shall all be mine.

Passé dans l'infirmité ! Eh bien, moi aussi
J'ai eu une mère, et j'ai appris à dissimuler. [*A Livia.*]
Ces injures, ma tante, qui ont échappé
A l'aveuglement de la colère, mon cœur les pardonne.

Guardiano : C'est là musique harmonieuse.

Hippolito : Et ce que j'ai fait, ma sœur,
Je l'ai fait au service de l'honneur : l'avenir
Vous le prouvera.

Livia : Je le comprends, monsieur,
Maintenant que mes yeux se sont ouverts à la bonté,
Et je me réjouis que votre bras ait frappé, et que vous ne [fussiez pas blessé :
Par sa mort, vous m'avez libérée du péché
Le plus ruineux dont femme s'est jamais entichée.
Le Duc aussi en est si satisfait que, voyez, monsieur,
Il vous envoie ici votre pardon, que mon affection
Accueille avec soulagement ; la lettre est arrivée
Alors que venaient de s'apaiser mes transports,
A point pour réjouir mon cœur.

Hippolito : Je vois que sa grâce pense à moi.

Livia : Partout, on ne parle plus que des préparatifs
Du mariage solennel.

Hippolito : Il l'épouse donc ?

Livia : En grande hâte, aussi vite qu'il est possible
De régler les frais de milliers d'ouvriers.
Ce gentilhomme et moi avions jadis eu l'intention
De célébrer les premières noces du Duc
Par une œuvre de son invention. Le texte était prêt,
On avait travaillé, les grosses dépenses étaient réglées
Quand survint la mort de votre noble mère, ma nièce,
Un deuil qui peignit de noir toute cette gloire.
C'est une invention qui conviendrait aux circonstances.
Les arts n'ont pas conservé meilleur ouvrage. Si vous vous [joignez à nous,
Cela se fera, et les frais seront à ma charge.

Hippolito : Y' have my voice first; 'twill well approve my [thankfulness
For the Duke's love and favour.

Livia : What say you, niece?

Isabella : I am content to make one.

Guardiano : The plot's full, then;
Your pages, madam, will make shift for Cupids.

Livia : That will they, sir.

Guardiano : You'll play your old part still?

Livia : What, is't good? Troth, I have ev'n forgot it!

Guardiano : Why, Juno Pronuba, the marriage-goddess.

Livia : 'Tis right, indeed.

Guardiano : [*To Isabella.*] And you shall play the nymph
That offers sacrifice to appease her wrath.

Isabella : Sacrifice, good sir?

Livia : Must I be appeased, then?

Guardiano : That's as you list yourself, as you see cause.

Livia : Methinks 'twould show the more state in her deity
To be incensed.

Isabella : 'Twould, but my sacrifice
Shall take a course to appease you, or I'll fail in it,
[*Aside.*]
And teach a sinful bawd to play a goddess.

Guardiano : For our parts, we'll not be ambitious, sir;
Please you walk in and see the project drawn,
Then take your choice.

Hippolito : I weigh not, so I have one.
[*Exeunt all but Livia.*]

Hippolito : Je serai le premier à vous donner ma voix : cela [prouvera ma reconnaissance
Pour l'amitié et les faveurs du Duc.

Livia : Que dites-vous, ma nièce ?

Isabella : Je serai heureuse d'être des vôtres.

Guardiano : Alors tous les rôles sont pourvus ;
Vos pages, madame, pourront jouer les cupidons.

Livia : Certainement, monsieur.

Guardiano : Vous reprendrez votre rôle d'autrefois ?

Livia : Est-ce un bon rôle ? Vraiment, j'ai oublié.

Guardiano : Mais Junon Pronuba, la déesse du mariage.

Livia : Ma foi, cela est vrai.

Guardiano : [*A Isabella.*] Et vous serez la nymphe
Qui offre un sacrifice pour apaiser sa colère.

Isabella : Un sacrifice, monsieur ?

Livia : Faut-il que l'on m'apaise ?

Guardiano : Cela dépend de vous : faites comme vous le [jugerez bon.

Livia : Je pense que sa nature divine serait plus majestueuse
Dans son courroux.

Isabella : C'est vrai, mais mon sacrifice
Parviendra à vous apaiser, ou j'en serai pour ma peine,
[*A part.*]
Et j'apprendrai à une maquerelle fieffée à jouer les déesses.

Guardiano : Pour nous, nous serons accommodants.
S'il vous plaît d'entrer pour voir l'argument rédigé,
Vous pourrez faire votre choix.

Hippolito : Peu importe, pourvu que j'aie un rôle.
[*Ils sortent tous sauf Livia.*]

Livia : How much ado have I to restrain fury
From breaking into curses ! Oh, how painful 'tis
To keep great sorrow smothered ! Sure, I think,
'Tis harder to dissemble grief than love.
Leantio, here the weight of thy loss lies,
Which nothing but destruction can suffice.

[*Exit.*]

Acte IV, Scene 3

Hoboys. Enter in great state
the Duke and Bianca, richly attired, with lords,
cardinals, ladies, and other attendants.
They pass solemnly over.
Enter Lord Cardinal, in a rage,
seeming to break off the ceremony.

Lord Cardinal : Cease, cease ! Religious honours done to sin
Disparage virtue's reverence, and will pull
Heaven's thunder upon Florence ; holy ceremonies
Were made for sacred uses, not for sinful.
Are these the fruits of your repentance, brother ?
Better it had been you had never sorrowed
Than to abuse the benefit, and return
To worse than where sin left you.
Vowed you then never to keep strumpet more,
And are you now so swift in your desires
To knit your honour and your life fast to her ?
Is not sin sure enough to wretched man
But he must bind himself in chains to 't ? Worse,
Must marriage, that immaculate robe of honour
That renders virtue glorious, fair and fruitful
To her great master, be now made the garment

Livia : Comme il m'en coûte d'empêcher ma fureur
De donner libre cours à ses imprécations ! Comme il est [douloureux
De faire taire un chagrin profond ! Assurément,
Le chagrin est plus difficile à cacher que l'amour.
Léantio, de ta perte je ressens tout le poids ;
La destruction seule l'allégera pour moi.

[*Elle sort.*]

Acte IV, Scène 3

Hautbois. Entrent en procession solennelle le Duc et Bianca richement vêtus, suivis de seigneurs, cardinaux, dames et autres courtisans. La procession traverse la scène. Entre le Lord Cardinal en rage qui fait mine d'interrompre la cérémonie.

Lord Cardinal : Arrêtez ! arrêtez ! Les honneurs religieux [rendus au péché
Bafouent le respect dû à la vertu, et vont attirer
La foudre du Ciel sur Florence ; les rites sacrés
Ont été établis pour de saints usages, non pour servir le vice.
Est-ce là le fruit de votre repentir, mon frère ?
Mieux eût valu ne jamais vous affliger
Que de détourner la pénitence, et retomber
Plus bas que là où vous avait mis le péché.
Avez-vous donc fait serment de ne plus entretenir de catin,
Pour maintenant, dans l'empressement du désir,
Lier à elle à jamais votre honneur et votre vie ?
L'homme misérable est-il si peu assuré du péché
Qu'il doive s'enchaîner à lui ? Pis encore,
Le mariage, cette robe d'honneur immaculée
Qui donne à la vertu gloire, beauté et fécondité, aux yeux de [son divin maître,
Doit-il maintenant servir de vêtement à la lèpre

Of leprosy and foulness ? Is this penitence
To sanctify hot lust ? What is it otherways
Than worship done to devils ? Is this the best
Amends that sin can make after her riots ?
As if a drunkard, to appease Heaven's wrath,
Should offer up his surfeit for a sacrifice :
If that be comely, then lust's offerings are,
On wedlock's sacred altar.

Duke : Here y' are bitter
Without cause, brother : what I vowed, I keep
As safe as you your conscience ; and this needs not.
I taste more wrath in 't than I do religion,
And envy more than goodness. The path now
I tread is honest, leads to lawful love,
Which virtue in her strictness would not check.
I vowed no more to keep a sensual woman ;
'Tis done : I mean to make a lawful wife of her.

Lord Cardinal : He that taught you that craft,
Call him not master long, he will undo you.
Grow not too cunning for your soul, good brother ;
Is it enough to use adulterous thefts,
And then to take sanctuary in marriage ?
I grant, so long as an offender keeps
Close in a privileged temple, his life's safe ;
But if he ever venture to come out,
And so be taken, then he surely dies for 't :
So now y' are safe ; but when you leave this body,
Man's only privileged temple upon earth,
In which the guilty soul takes sanctuary,
Then you'll perceive what wrongs chaste vows endure
When lust usurps the bed that should be pure.

Bianca : Sir, I have read you over all this while
In silence, and I find great knowledge in you,
And severe learning ; yet 'mongst all your virtues
I see not charity written, which some call
The first-born of religion, and I wonder
I cannot see 't in yours. Believe it, sir,

Et à la turpitude ? Votre pénitence sanctifiera-t-elle
La débauche lascive ? Est-ce là autre chose
Qu'un culte offert aux démons ? Le péché ne peut-il
Offrir meilleure réparation à ses dérèglements ?
C'est comme si l'ivrogne allait offrir ses vomissures
En sacrifice pour apaiser la colère du Ciel.
Si cela est convenable, alors les offrandes de la débauche
Ont leur place sur l'autel sacré de l'hymen.

Le Duc : Vous êtes amer
Sans raison, mon frère : ce que j'ai juré, je l'observe
Aussi scrupuleusement que vous votre conscience ; cette dia-
[tribe est superflue.
J'y vois plus de rancœur que de piété, plus d'envie
Que de bonté. Le chemin que je suis maintenant
Est un chemin honnête qui conduit à l'amour légitime,
La vertu, dans sa rigueur, ne me réprimanderait pas.
J'ai fait vœu de ne plus avoir de catin ;
C'est fait : je la prends pour légitime épouse.

Lord Cardinal : Celui qui vous a appris ces stratagèmes,
Ne le servez pas trop longtemps : il vous perdra.
Ne soyez pas plus malin qu'il convient à votre âme ;
Suffit-il, après avoir commis les larcins de l'adultère,
De demander asile dans le mariage ?
Tant que le criminel, il est vrai, reste enfermé
Dans le temple auquel ce droit s'attache,
Sa vie est sauve. Mais si jamais il se hasarde à sortir,
Et s'il est pris, sa mort est certaine ; vous aussi,
Vous êtes à l'abri ; mais quand vous quitterez ce corps,
Sur cette terre le seul temple inviolable
Où l'âme coupable peut trouver asile, vous saurez alors
Le poids des injures faites par la luxure
Aux chastes vœux d'un lit qui devait rester pur.

Bianca : Monsieur, j'ai tout ce temps en silence,
Lu le livre de vos discours ; j'y trouve grand savoir
Et austère sagesse. Pourtant, parmi toutes ces vertus,
Je cherche en vain la charité, que certains nomment
Fille aînée de la religion, et je m'étonne
De ne la point trouver. Croyez-moi, monsieur,

There is no virtue can be sooner missed,
Or later welcom'd ; it begins the rest
And sets 'em all in order ; Heaven and angels
Take great delight in a converted sinner.
Why should you then, a servant and professor,
Differ so much from them ? If ev'ry woman
That commits evil should be therefore kept
Back in desires of goodness, how should virtue
Be known and honoured ? From a man that's blind,
To take a burning taper, 'tis no wrong,
He never misses it ; but to take the light
From one that sees, that's injury and spite.
Pray, whether is religion better serv'd,
When lives that are licentious are made honest,
Than when they still run through a sinful blood ?
'Tis nothing virtue's temples to deface ;
But build the ruins, there's a work of grace.

Duke : I kiss thee for that spirit ; thou hast praised thy wit
A modest way. On, on there !

Hoboys.

Lord Cardinal : Lust is bold,
And will have vengeance speak, ere 't be controlled.

Exeunt.

Act V, Scene 1

Enter Guardiano and Ward.

Guardiano : Speak, hast thou any sense of thy abuse ?
Dost thou know what wrong's done thee ?

Ward : I were an ass else. I cannot wash my face but I am feeling on 't.

Elle est la première vertu dont on regrette l'absence
Et la dernière qui réchauffe le cœur. Elle vient devant les autres
Et détermine les préséances ; le Ciel et les anges
Se réjouissent de la conversion du pécheur.
Pourquoi êtes-vous donc si différent d'eux,
Vous qui professez de les servir ?
Si toutes les pécheresses se voyaient réprimées
Dans leur désir de s'amender, comment la vertu
Pourrait-elle être louée et honorée ? Voler sa chandelle
A l'aveugle qui n'y voit goutte, ne lui fait pas de tort.
Elle ne lui manquera pas. Mais dérober la lumière
A celui qui y voit, c'est un préjudice cruel.
Dites-moi qui sert le mieux la religion,
Le licencieux qui se fait honnête
Ou celui qui s'endurcit dans sa faute ? Du temple
De la vertu, il est aisé de souiller la face ;
En relever les ruines, c'est faire œuvre de grâce.

Le Duc : Ce baiser pour ton courage ; tu as proclamé ton bel [esprit
De modeste façon. Que la fête continue !

Hautbois.

Lord Cardinal : La débauche est effrontée :
La vengeance divine seule peut la dompter.

Ils sortent.

Acte V, Scène 1

Entrent Guardiano et le Pupille.

Guardiano : Dis-moi, te rends-tu compte de l'injure ? Sais-tu [bien le tort qui t'est fait ?

Le Pupille : Il faudrait que je sois un âne. Je le sens sous ma main chaque fois que je me lave la figure.

Guardiano : Here, take this galtrop, then convey it secretly into the place I showed you ; look you, sir, this is the trap-door to 't.

Ward : I know 't of old, uncle, since the last triumph ; here rose up a devil with one eye, I remember, with a company of fireworks at's tail.

Guardiano : Prithee leave squibbing now ; mark me and fail not. But when thou hearest me give a stamp, down with 't : the villain's caught then.

Ward : If I miss you, hang me ; I love to catch a villain, and your stamp shall go current, I warrant you. But how shall I rise up and let him down too, all at one hole ? That will be a horrible puzzle. You know I have a part in 't : I play Slander.

Guardiano : True, but never make you ready for 't.

Ward : No ? My clothes are bought and all, and a foul fiend's head with a long contumelious tongue i'th' chaps on 't, a very fit shape for Slander i'th' outparishes.

Guardiano : It shall not come so far ; thou understandst it not.

Ward : Oh, oh !

Guardiano : He shall lie deep enough ere that time, and stick first upon those.

Ward : Now I conceive you, guardiner.

Guardiano : Away ; list to the privy stamp, that's all thy part.

Ward : Stamp my horns in a mortar if I miss you, and give the powder in white wine to sick cuckolds ; a very present remedy for the headache.

Exit Ward.

Guardiano : Tiens, prends cette chausse-trappe [45]. Porte-la en secret à l'endroit que je t'ai montré. Regarde, voici la trappe [46] qui la recouvrira.

Le Pupille : Je la connais bien, mon oncle, depuis les dernières grandes fêtes. Je me souviens que c'est là qu'apparaissait un diable borgne avec toute une kyrielle de pétards attachés à sa queue [47].

Guardiano : Je t'en prie, laissons là tes pétards : écoute-moi bien et n'oublie pas. Quand tu m'entendras frapper du talon, tu déclencheras la trappe, et le scélérat aura son compte.

Le Pupille : Pendez-moi si je ne vous sers pas comme il faut ; j'adore régler leur compte aux scélérats. Votre coup de talon sera l'étalon de ma conduite, vous pouvez me croire. Mais comment faire pour apparaître de la trappe et l'y faire disparaître en même temps ? Cela va être un drôle de problème ! Vous savez que je tiens un rôle, le rôle de Calomnie.

Guardiano : Je sais, mais inutile de t'y préparer.

Le Pupille : Ah, non ? J'ai déjà acheté le costume et tout, et une horrible tête de diable, avec une grande langue injurieuse qui lui pend des babines, une Calomnie juste comme il faut pour les fêtes des faubourgs [48].

Guardiano : Tu ne comprends pas : le spectacle n'arrivera jamais jusque-là.

Le Pupille : Oh, oh !

Guardiano : Quand on en sera là, il sera déjà au troisième dessous, empalé sur ceci.

Le Pupille : Ah, je comprends maintenant, mon oncle.

Guardiano : Va et tends l'oreille pour entendre le signal secret de mon coup de talon : c'est cela ton rôle.

Le Pupille : Si je ne vous sers pas bien, réduisez mes cornes en poudre dans un mortier à coups de talon, et donnez la poudre dans du vin blanc à ceux qui souffrent de cocuage : c'est un remède infaillible contre le mal de front.

Il sort.

Guardiano : If this should any way miscarry now,
As if the fool be nimble enough, 'tis certain,
The pages that present the swift-winged Cupids
Are taught to hit him with their shafts of love,
Fitting his part, which I have cunningly poisoned.
He cannot 'scape my fury ; and those ills
Will be laid all on fortune, not our wills.
That's all the sport on 't ! For who will imagine
That at the celebration of this night
Any mischance that haps can flow from spite ?

Exit.

Act V, Scene 2

Flourish. Enter above Duke, Bianca,
Lord Cardinal, Fabritio, and other cardinals,
lords and ladies in state.

Duke : Now our fair Duchess, your delight shall witness
How y' are beloved and honoured ; all the glories
Bestowed upon the gladness of this night
Are done for your bright sake.

Bianca : I am the more
In debt, my lord, to love and courtesies
That offer up themselves so bounteously
To do me honoured grace, without my merit.

Duke : A goodness set in greatness ! How it sparkles
Afar off, like pure diamonds set in gold !
How perfect my desires were, might I witness
But a fair noble peace 'twixt your two spirits !
The reconcilement would be more sweet to me

Guardiano : Si pour quelque raison, cela échouait,
Et pour peu que ce nigaud soit assez preste, l'affaire est sûre,
Les pages qui jouent les Cupidons aux ailes agiles
Ont pour instruction, comme le veut son rôle, de lui décocher
Les flèches que j'ai subtilement empoisonnées.
Il ne peut échapper à ma fureur, et ces accidents
Seront imputés au mauvais sort, non à notre vouloir.
C'est là qu'est tout le sel : au milieu de la fête,
Qui imaginerait, s'il survient un malheur,
Que la cause réelle en est notre rancœur ?

Il sort.

Acte V, Scène 2

Fanfare. En haut, entrent le Duc, Bianca,
le lord Cardinal, Fabritio, suivis d'autres cardinaux,
seigneurs et dames, en cortège solennel.

Le Duc : Maintenant, belle et noble Duchesse, vos plaisirs [seront témoins
De l'amour qu'on vous porte et des honneurs qui vous [échoient ;
Toute la splendeur des réjouissances de cette nuit
Est dédiée à votre gloire.

Bianca : Je suis d'autant plus redevable,
Monseigneur, que ces preuves d'amour et de courtoisie
Me prodiguent les honneurs et la grâce,
Sans que je les aie mérités [49].

Le Duc : La bonté sertie de grandeur ! On voit son éclat [étinceler
Très loin, comme purs diamants sertis d'or.
Mes désirs seraient comblés si je pouvais voir
Une noble réconciliation entre vos deux personnes.
Cette paix me serait plus douce

Than longer life to him that fears to die.
[*To the Lord Cardinal.*]
Good sir!

Lord Cardinal : I profess peace, and am content.

Duke : I'll see the seal upon 't, and then 'tis firm.

Lord Cardinal : You shall have all your wish.
[*Kisses Bianca.*]

Duke : I have all indeed now.

Bianca : [*Aside.*] But I have made surer work; this shall not [blind me.

He that begins so early to reprove,
Quickly rid him, or look for little love.
Beware a brother's envy; he's next heir too.
Cardinal, you die this night, the plot's laid surely :
In time of sports, death may steal in securely;
Then 'tis least thought on :
For he that's most religious, holy friend,
Does not at all hours think upon his end.
He has his times of frailty, and his thoughts
Their transportations too through flesh and blood,
For all his zeal, his learning, and his light,
As well as we, poor souls, that sin by night.
[*Fabritio gives a paper to the Duke.*]

Duke : What's this, Fabritio?

Fabritio : Marry, my lord, the model
Of what's presented.

Duke : Oh, we thank their loves.
Sweet Duchess, take your seat; list to the argument.
[*Reads.*]
There is a nymph that haunts the woods and springs,
In love with two at once, and they with her.
Equal it runs, but to decide these things,
The cause to mighty Juno they refer,
She being the marriage-goddess. The two lovers,
They offer sighs; the nymph, a sacrifice :
All to please Juno, who by signs discovers
How the event shall be, so that strife dies.

Que sursis de vie à qui craint de mourir. [*Au lord Cardinal.*]
Mon bon seigneur ?

Lord Cardinal : Je déclare la paix, j'y consens.

Le Duc : Apposez votre sceau : l'acte sera promulgué.

Lord Cardinal : Il en sera en tout comme vous le voulez.
[*Il donne un baiser à Bianca.*]

Le Duc : Je suis donc comblé !

Bianca : [*A part.*] Mais j'ai pris d'autres assurances ; je ne me [laisserai pas aveugler.
Hâte-toi de supprimer l'homme si prompt à blâmer
Ou sinon, ne t'attends pas à sa bienveillance.
Prends garde à l'envie d'un frère qui est aussi l'héritier.
Cardinal, tu meurs cette nuit : le complot est sûr.
La mort furtive se faufile plus aisément
Pendant la fête, quand on pense le moins à elle.
Le plus religieux et dévot des hommes,
Quels que soient sa ferveur, son savoir, ses lumières,
Ne pense pas constamment à sa fin dernière,
Pas plus que nous, pauvres âmes qui péchons dans la nuit.
[*Fabritio donne un papier au Duc.*]

Le Duc : Qu'est-ce là, Fabritio ?

Fabritio : Ma foi, monseigneur, c'est le canevas
De la représentation.

Le Duc : Oh, grand merci à tous.
Douce Duchesse, prenez place, et écoutez l'argument.
[*Il lit.*]

Il est une nymphe des sources et des bois,
Qui aime et est aimée de deux hommes à la fois.
Leurs amours sont égales, mais pour en décider,
Devant Junon, tous trois, la cause ils vont plaider.
Aux pieds de la déesse, pour la rendre propice,
Ils offrent leurs soupirs, la nymphe un sacrifice.
Junon par signes leur dévoile l'avenir,
Et le combat s'apaise, pour bientôt repartir,

Then springs a second; for the man refus'd
Grows discontent, and out of love abus'd
He raises Slander up, like a black fiend,
To disgrace th' other, which pays him i'th' end.

Bianca : In troth, my lord, a pretty pleasing argument,
And fits th' occasion well. Envy and slander
Are things soon raised against two faithful lovers;
But comfort is, they are not long unrewarded.

Music.

Duke : This music shows they're upon entrance now.

Bianca : [*Aside.*] Then enter all my wishes!

Enter Hymen in yellow, Ganymed in a blue robe powdered with stars, and Hebe in a white robe with golden stars, with covered cups in their hands. They dance a short dance, then bowing to the Duke etc., Hymen speaks.

Hymen : [Giving Bianca a cup.]
To thee, fair bride, Hymen offers up
Of nuptial joys this the celestial cup;
Taste it, and thou shalt ever find
Love in thy bed, peace in thy mind.

Bianca : We'll taste you, sure; 'twere pity to disgrace
So pretty a beginning.

[*Drinks from the cup.*]

Duke : 'Twas spoke nobly.

Ganymed : Two cups of nectar have we begged from Jove;
Hebe, give that to Innocence, I this to Love.

[Hebe gives a cup to the Lord Cardinal, and Ganymed a cup to the duke; they drink.]

Take heed of stumbling more, look to your way;
Remember still the Via Lactea.

Quand l'amant éconduit, en proie à la colère,
Appelle Calomnie, démon noir et amer,
Pour jeter son rival en profonde disgrâce.
Mais celui-ci se venge, et en fin, le terrasse.

Bianca : C'est vraiment une très belle histoire, monseigneur,
Qui s'accorde aux circonstances : l'Envie et la Calomnie
Ont tôt fait de se dresser contre deux amants fidèles ;
Mais heureusement, elles ne tardent pas à être châtiées.
Musique.

Le Duc : Cette musique annonce leur approche.

Bianca : [*A part.*] Et tous mes désirs s'approchent aussi !

Entrent Hymen en jaune, Ganymède en robe bleue saupoudrée d'étoiles, et Hébé en robe blanche avec des étoiles dorées, portant des coupes recouvertes. Ils dansent brièvement, puis saluent le Duc etc. ; Hymen prend la parole.

Hymen : [Il tend une coupe à Bianca.]
A toi, belle épousée, Hymen vient rendre hommage
De la coupe céleste des joies du mariage.
Mets-y tes lèvres, et tu auras toujours
Dans ton âme la paix, et dans ton lit l'amour.

Bianca : Nous boirons volontiers : ce serait grand dommage
De ne pas faire honneur à si gracieux début.
[*Elle boit.*]

Le Duc : C'est noblement parler.

Ganymède : Jupin nous a confié deux coupes de nectar.
Celle-ci pour l'amour : je l'offre sans retard.
Celle-là à l'Innocence, Hébé, offre-la.
[Hébé offre une coupe au lord cardinal, et Ganymède une coupe au duc ; ils boivent]
Mais en l'offrant, au moins ne trébuche pas
Pour répandre encore autre Via Lactea [50].

Hebe : Well, Ganymed, you have more faults, though not so [known :
I spilled a cup, but you have filtched many a one.

Hymen : No more, forbear for Hymen's sake,
In love we met, and so let's part.
Exeunt [Hymen, Ganymed and Hebe.]

Duke : But soft ! Here's no such person in the argument
As these three, Hymen, Hebe, Ganymed.
The actors that this model here discovers,
Are only four : Juno, a nymph, two lovers.

Bianca : This is some antemasque belike, my lord,
To entertain time. [*Aside.*] Now my peace is perfect.
[*To him.*]
Let sports come on apace ; now is their time, my lord. *Music.*
Hark you, you hear from 'em.

Duke : The nymph indeed !

Enter two dressed like nymphs, bearing two tapers lighted ; then Isabella dressed with flowers and garlands, bearing a censer with fire in it ; they set the censer and tapers on Juno's altar with much reverence ; this ditty being sung in parts.

DITTY

Juno, nuptial goddess,
Thou that rul'st o'er coupled bodies,
Tiest man to woman, never to forsake her,
Thou, only powerful marriage-maker,
Pity this amazed affection ;
I love both and both love me,
Nor know I where to give rejection,
My heart likes so equally,
Till thou set'st right my peace of life,
And with thy power conclude this strife.

Hébé : Ganymède, en secret tu fus bien plus fautif :
Je renversai la coupe, toi tu buvais, furtif !

Hymen : Cessez votre querelle, au nom de l'hyménée :
Réunis par l'amour, partons dans l'amitié.

[Hymen, Ganymède et Hébé] sortent.

Le Duc : C'est étrange, je ne vois pas dans l'argument
Ni Hymen, ni Hébé, ni Ganymède.
Ce canevas n'a que quatre personnages :
Junon, une nymphe et deux amants.

Bianca : Ce sera quelque interlude [51], monseigneur,
Pour faire patienter. [*A part.*] Me voici satisfaite.

[*Au Duc.*]

Que le spectacle commence ! Il est l'heure, monseigneur.

[*Musique.*

Ecoutez, on les entend.

Le Duc : En effet ! voici la nymphe.

Entrent deux jeunes filles habillées en nymphes, portant chacune un flambeau allumé ; suivies par Isabelle, parée de fleurs et de guirlandes, portant un encensoir également allumé. Elles déposent les flambeaux et l'encensoir sur l'autel de Junon, avec toutes les marques de respect. La chanson est chantée à trois voix.

CHANSON

Junon, déesse nuptiale,
Toi qui présides à l'union des corps ;
Toi qui à la femme a lié l'homme
Pour qu'il ne la quitte jamais ;
Toi qui décides du mariage,
Prends pitié de mon désarroi !
Je les aime tous deux et ils m'aiment ;
Je ne sais lequel refuser
Tant ils sont égaux en mon cœur.
Toi seule peut me rendre la paix
Et mettre fin à ce combat.

Isabella : Now, with my thanks, depart you to the springs,
[Exeunt nymphs.]
I to this well of love. Thou, sacred goddess
And queen of nuptials, daughter to great Saturn,
Sister and wife to Jove, imperial Juno,
Pity this passionate conflict in my breast,
This tedious war 'twixt two affections ;
Crown one with victory, and my heart's at peace.

Enter Hippolito and Guardiano, like shepherds.

Hippolito : Make me that happy man, thou mighty goddess.

Guardiano : But I live most in hope, if truest love
Merit the greatest comfort.

Isabella : I love both
With such an even and fair affection,
I know not which to speak for, which to wish for,
Till thou, great arbitress 'twixt lovers' hearts,
By thy auspicious grace, design the man :
Which pity I implore.

Hippolito and Guardiano : We all implore it.

Isabella : And after sighs, contrition's truest odours,
Livia descends like Juno,
[attended by pages as Cupids.]
I offer to thy powerful deity
This precious incense ; may it ascend peacefully.
[*Aside.*] And if it keep true touch, my good aunt Juno,
'Twill try your immortality ere 't be long ;
I fear you'll never get so nigh Heaven again,
When you 're once down.

Livia : Though you and your affections
Seem all as dark to our illustrious brightness
As night's inheritance, Hell, we pity you,

Isabella : Je vous remercie. Vous, allez maintenant aux sources,

[Les nymphes sortent.]

Moi, au puits sacré de l'amour. Toi, auguste déesse,
Reine des noces, fille du grand Saturne,
Sœur et épouse de Jupiter, impériale Junon,
Prends pitié de ce conflit des passions en mon sein,
Cette navrante guerre entre mes deux amours :
Couronne l'un de la victoire, et mon cœur sera en paix.

Entrent Hippolito et Guardiano, en bergers.

Hippolito : Fais de moi cet homme heureux, Ô toi, puissante [déesse.

Guardiano : Mon espoir est plus grand, si l'amour plus sincère
Mérite plus haute récompense.

Isabella : Je les aime tous deux
D'un amour si égal et si sincère,
Je ne sais pour lequel parler, auquel vont mes vœux,
Et je t'adjure, grande justicière qui arbitre les cœurs,
De désigner l'élu par la grâce de ton oracle :
C'est une charité que j'implore.

Hippolito et Guardiano : Nous l'implorons tous.

Isabella : Après nos soupirs, purs parfums de repentir,

[Livia descend sous les traits de Junon, escortée de ses pages en Cupidon.]

J'offre à ta puissante divinité ce précieux encens.
Puisse-t-il monter vers toi dans la paix.
[A part.] Et s'il s'avère de bon aloi, bonne tante Junon,
Il sera d'ici peu la pierre de touche de ton immortalité.
Je crains que tu ne te retrouves jamais si près du Ciel
Maintenant que tu en es descendue.

Livia : Bien que, comparés à notre illustre éclat,
Vos personnes et vos passions paraissent aussi noires
Que les ténèbres de l'Enfer, nous avons pitié de vous

And your requests are granted. You ask signs :
They shall be given you ; we'll be gracious to you.
He of those twain which we determine for you
Love's arrows shall wound twice ; the later wound
Betokens love in age : for so are all
Whose love continues firmly all their lifetime
Twice wounded at their marriage, else affection
Dies when youth ends. [Aside.] This savour overcomes me !
— *Now for a sign of wealth and golden days,*
Bright-eyed prosperity which all couples love,
Ay, and makes love, take that !

[Throws down " treasure " upon Isabella who falls and dies.]

— *Our brother Jove*
Never denies us of his burning treasure
T' express bounty.

Duke : She falls down upon 't ;
What's the conceit of that ?

Fabritio : As overjoyed, belike :
Too much prosperity overjoys us all,
And she has her lapful, it seems, my lord.

Duke : This swerves a little from the argument, though.
Look you, my lords.

Guardiano : [*Aside on trap.*] All's fast ; now comes my part [to toll him hither ;
Then, with a stamp given, he's dispatched as cunningly.

Hippolito : Stark dead ! Oh treachery ! Cruelly made away !
How's that ?

[*He stamps, whereupon Guardiano falls through the trap-door.*]

Fabritio : Look, there's one of the lovers dropped away too.

Duke : Why sure, this plot's drawn false ; here's no such thing.

Livia : Oh, I am sick to th' death ! Let me down quickly !
That fume is deadly. Oh, 't has poisoned me !

Et exauçons vos prières. Vous demandez un oracle,
Notre grâce vous l'accorde. Celui qui vous est destiné
Sera frappé deux fois par les flèches de l'amour.
La deuxième flèche présage un amour durable.
Les amoureux constants ont tous reçu deux blessures
A leur mariage. Sans cela, l'affection
Disparaît avec la jeunesse.
[A part] Ces vapeurs m'arrachent à moi-même !
— *Et en présage de la richesse et de l'avenir doré,*
De la prospérité au regard clair, chérie de tous les amants,
Car elle est propice à l'amour, reçois ceci !
[Elle répand des flammes d'or [52] sur Isabella qui tombe morte.]
— *Jupiter, notre frère, ne nous refuse jamais*
L'usage de son ardent pactole pour manifester
Notre munificence.

Le Duc : Voici qu'elle s'effondre.
Que signifie ceci ?

Fabritio : Sans doute l'excès de sa joie.
Trop de prospérité nous transporte tous de bonheur,
Et cette pluie d'or semble avoir comblé ses désirs.

Le Duc : Pourtant ceci s'écarte un peu du canevas.
Regardez, messeigneurs !

Guardiano : [*Debout sur la trappe, à part.*] Tout va à [merveille. C'est à moi, maintenant de l'attirer ici,
Et mon coup de talon l'expédie habilement.

Hippolito : Elle est morte ! Oh, trahison ! Cruellement assassinée ! Que se passe-t-il ?
[*Il frappe rageusement du talon ; Guardiano tombe par l'ouverture de la trappe.*]

Fabritio : Regardez, l'un des amants disparaît à son tour.

Le Duc : A coup sûr, l'intrigue est déréglée : ceci n'était pas [prévu.

Livia : Oh, je suis malade à mourir. Vite, descendez-moi !
Ces vapeurs sont mortelles ; elles m'ont empoisonnée !

My subtlety is sped, her art has quitted me.
My own ambition pulls me down to ruin.

[*Falls and dies.*]

Hippolito : Nay, then I kiss thy cold lips, and applaud
This thy revenge in death.

[*Kisses the dead Isabella.*]

Fabritio : Look, Juno's down too.

Cupids shoot [*and hit Hippolito*].

What makes she there ? Her pride should keep aloft.
She was wont to scorn the earth in other shows ;
Methinks her peacocks' feathers are much pulled.

Hippolito : Oh, death runs through my blood, in a wild [flame too !
Plague of those Cupids ! Some lay hold on 'em.
Let 'em not 'scape, they have spoiled me ; the shaft's deadly.

Duke : I have lost myself in this quite.

Hippolito : My great lords, we are all confounded.

Duke : How ?

Hippolito : Dead ; and I worse.

Fabritio : Dead ? My girl dead ? I hope
My sister Juno has not seved me so.

Hippolito : Lust and forgetfulness has been amongst us,
And we are brought to nothing. Some blessed charity
Lend me the speeding pity of his sword
To quench this fire in blood. Leantio's death
Has brought all this upon us, now I taste it,
And made us lay plots to confound each other.
The event so proves it ; and man's understanding
Is riper at his fall than all his lifetime.
She, in madness for her lover's death,
Revealed a fearful lust in our near bloods,
For which I am punished dreadfully and unlooked for ;

Le triomphe de ma subtilité me paie en retour ;
Ma propre ambition précipite ma ruine.

[*Elle tombe morte.*]

Hippolito : Je baise tes lèvres glacées, et j'applaudis
De te voir vengée dans la mort.

[*Il embrasse le corps d'Isabella.*]

Fabritio : Voyez ! Junon elle-même est abattue !

[*Les Cupidons atteignent Hippolito de leurs flèches.*]

Que fait-elle ? Son orgueil devrait rester au pinacle :
Dans les autres pièces, elle dédaignait la terre ;
Sa parure de plumes de paons semble toute flétrie.

Hippolito : La mort court dans mes veines en un feu qui fait [rage !
La peste de ces Cupidons ! Qu'on s'empare d'eux.
Qu'ils ne s'échappent pas : ils m'ont tué ; leurs flèches sont [empoisonnées.

Le Duc : Je suis tout à fait perdu.

Hippolito : Messeigneurs, nous sommes tous confondus.

Le Duc : Comment cela ?

Hippolito : Morte ! et moi pis encore.

Fabritio : Morte ? Morte, mon enfant ?
Ma sœur Junon
N'aurait pas agi ainsi envers moi, j'espère.

Hippolito : Nous avons connu la débauche et l'aveuglement
Qui ont causé notre ruine. Que la sainte miséricorde
Me prête une épée secourable pour éteindre ce feu
Qui consume mes veines. C'est la mort de Léantio
Qui nous a attiré tout cela, je le sens en cet instant,
Nous a fait comploter pour nous confondre les uns les autres.
La preuve est là. L'entendement est plus vaste
Et plus juste à l'heure de la chute :
Égarée par la mort de son amant, elle a révélé
L'effroyable luxure qui liait nos sangs trop proches.
Pour cela je reçois ce châtiment terrible et imprévu ;

Proved her own ruin too ; vengeance met vengeance
Like a set match, as if the plagues of sin
Had been agreed to meet here altogether.
But how her fawning partner fell, I reach not,
Unless caught by some springe of his own setting,
For on my pain, he never dreamed of dying :
The plot was all his own, and he had cunning
Enough to save himself ; but 'tis the property
Of guilty deeds to draw your wise men downward.
Therefore the wonder ceases. Oh, this torment !

Duke : Our guard below there !

Enter a lord with a guard.

Lord : My lord ?

Hippolito : Run and meet death then,
And cut off time and pain.
[*Kills himself by running on a guard's weapon.*]

Lord : Behold, my lord,
H'as run his breast upon a weapon's point.

Duke : Upon the first night of our nuptial honours,
Destruction plays her triumph, and great mischiefs
Mask in expected pleasures ! 'Tis prodigious !
They're things most fearfully ominous : I like 'em not.
Remove these ruined bodies from our eyes.
[*The guard carries off the dead bodies.*]

Bianca : [*Aside.*] Not yet ? No change ? When falls he to the
[earth ?

Lord : Please but your excellence to peruse that paper,
Which is a brief confession from the heart
Of him that fell first, ere his soul departed ;
And there the darkness of these deeds speaks plainly :
'Tis the full scope, the manner and intent.

Pour cela elle est allée à sa ruine. La vengeance a confronté la
[vengeance
Dans un tournoi, comme si tous les fléaux du péché
S'étaient accordés pour venir ici se confronter.
Mais la mort de son complice servile me dépasse,
A moins qu'il ne se soit pris à un piège tendu par lui-même :
Par ma damnation, je jure qu'il ne songeait pas à mourir.
L'intrigue était de son invention ; il était assez habile
Pour s'épargner lui-même. Mais il est dans la nature
De nos fautes de précipiter les ingénieux dans le gouffre.
Rien d'étonnant donc. Oh, quel tourment !

Le Duc : Holà, Gardes !

Entre un seigneur suivi d'un garde.

Le Seigneur : Monseigneur ?

Hippolito : Cours à ta mort
Et mets fin au temps et à la douleur.
[*Il se précipite sur la hallebarde du garde et meurt.*]

Le Seigneur : Voyez, monseigneur,
Il s'est jeté le cœur contre la pointe d'une arme.

Le Duc : En cette première nuit de nos fêtes nuptiales,
La destruction met en scène son apothéose. Oh prodige !
Les hauts méfaits prennent le masque des plaisirs !
Ces présages terrifiants me répugnent fort.
Retirez de notre vue ces dépouilles mortelles.
[*Le garde emporte les corps.*]

Bianca : [*A part.*] Quoi, rien ? Pas encore ? Quand tombera-
[t-il à terre ?

Le Seigneur : S'il plaît à votre excellence de lire cet écrit :
C'est la confession brève et sincère
Que fit avant sa mort, celui qui mourut le premier.
La noirceur de toutes ces actions y apparaît sans fard,
Dans toute son étendue, ses moyens et sa fin.

His ward, that ignorantly let him down,
Fear put to present flight at the voice of him.

Bianca : [*Aside.*] Not yet ?

Duke : Read, read ; for I am lost in sight and strength.
[*Falls.*]

Lord Cardinal : My noble brother !

Bianca : Oh, the curse of wretchedness !
My deadly hand is fallen upon my lord.
Destruction take me to thee, give me way ;
The pains and plagues of a lost soul upon him
That hinders me a moment !

Duke : My heart swells bigger yet ; help here, break 't ope !
My breast flies open next.

Bianca : Oh, with the poison
That was prepared for thee, thee, Cardinal !
'Twas meant for thee.

Lord Cardinal : Poor prince !

Bianca : Accursed error !
Give me thy last breath, thou infected bosom,
And wrap two spirits in one poisoned vapour.
Thus, thus, reward thy murderer, and turn death
Into a parting kiss. [*kisses him. He dies.*]
My soul stands ready at my lips,
Ev'n vexed to stay one minute after thee.

Lord Cardinal : The greatest sorrow and astonishment
That ever struck the general peace of Florence
Dwells in this hour.

Bianca : So, my desires are satisfied,
I feel death's power within me !
Thou hast prevailed in something, cursed poison,
Though thy chief force was spent in my lord's bosom.
But my deformity in spirit's more foul :

Son pupille dont l'ignorance l'a trahi, s'est enfui
Sous le coup de la peur en entendant sa voix.

Bianca : [*A part.*] Pas encore ?

Le Duc : Lisez, monsieur : ma vue se brouille et mes forces [me quittent.
[*Il tombe.*]

Lord Cardinal : Mon noble frère !

Bianca : Oh, malédiction !
Ma main fatale s'est abattue sur mon seigneur.
La mort me conduit à toi. Faites place ;
Que la souffrance et les tourments des damnés frappent
Celui qui ose me retarder un instant !

Le Duc : Mon cœur enfle encore. A l'aide, ouvrez ce cœur,
Ma poitrine éclate.

Bianca : Oh, c'est l'effet du poison
Qui t'était destiné, à toi, toi, Cardinal ! C'est toi
Qui aurais dû le boire.

Lord Cardinal : Pauvre prince !

Bianca : Erreur maudite !
Donne-moi ton dernier souffle, toi, poitrine empoisonnée,
Enveloppe nos deux âmes dans une même vapeur mortelle
Là ! là ! récompense ta meurtrière, et change la mort
En baiser d'adieu. [*Elle l'embrasse ; il meurt.*]
Mon âme est prête sur mes lèvres,
Dépitée d'être retenue une seule minute après toi.

Lord Cardinal : Le chagrin et la stupéfaction les plus vifs
Qui aient jamais ébranlé la paix civile de Florence
Résident ici en cet instant.

Bianca : Mes désirs sont donc satisfaits,
Je sens en moi le pouvoir de la mort !
Tu l'emportes sur moi en cela, poison maudit,
Bien que tu aies épuisé l'essentiel de ta force sur mon seigneur.
Mais la difformité de mon esprit l'emporte en laideur :

A blemished face best fits a leprous soul.
What make I here? These are all strangers to me,
Not known but by their malice, now th' art gone,
Nor do I seek their pities.

[*Drinks from the poisoned cup.*]

Lord Cardinal : Oh restrain
Her ignorant, wilful hand!

Bianca : Now do ; 'tis done.
Leantio, now I feel the breach of marriage
At my heart's breaking! Oh, the deadly snares
That women set for women, without pity
Either to soul or honour! Learn by me
To know your foes. In this belief I die :
Like our own sex, we have no enemy, no enemy.

Lord : See, my lord,
What shift sh'as made to be her own destruction.

Bianca : Pride, greatness, honour, beauty, youth, ambition,
You must all down together, there's no help for 't.
Yet my gladness is that I remove
Tasting the same death in a cup of love.

[*Dies.*]

Lord Cardinal : Sin, what thou art these ruins show too [piteously.
Two kings on one throne cannot sit together,
But one must needs down, for his title's wrong ;
So where lust reigns, that prince cannot reign long.

Exeunt.

FINIS.

Un visage défiguré sied mieux à une âme lépreuse [53].
Que fais-je ici ? Tous sont des étrangers
Dont je ne connais que la malveillance, maintenant que tu es
[parti ;
Et je ne veux pas de leur pitié.
[*Elle boit à la coupe empoisonnée.*]

Lord Cardinal : Retenez cette main
Insensible et obstinée !

Bianca : Allez bois ; c'est fait.
Léantio, mon cœur, en se brisant, ressent la douleur
D'un mariage brisé ! Oh, les pièges mortels
Que les femmes tendent aux femmes, sans pitié
Pour leur âme ou pour leur honneur ! Apprenez de moi
A connaître votre adversaire. Je meurs convaincue
Que notre propre sexe est notre pire ennemi, notre pire ennemi.

Le Seigneur : Voyez, monseigneur,
Les efforts qu'elle a déployés pour se détruire elle-même.

Bianca : Orgueil, grandeur, honneurs, beauté, jeunesse,
[ambition,
Tout doit irrémédiablement partir au même instant.
Mais je trouve la joie si je pars pour toujours
Goûtant la même mort à la coupe de l'amour.
[*Elle meurt.*]

Lord Cardinal : Oh, péché, ton vrai visage se montre en ces
[ruines pitoyables.
Deux rois ne peuvent s'asseoir ensemble sur le même trône :
L'un des deux doit descendre : son titre est usurpé ;
Où règne la luxure, elle ne peut longtemps régner.
Ils sortent.

FIN.

Notes

1. *Two knots* : le linceul des morts était noué à la tête et aux pieds.

2. *As if they went to stock a new found land* : il était fréquent pour les colons en partance pour le nouveau monde (Virginie, Massachusetts) d'arranger hâtivement un mariage avant leur départ.

3. *Trapstick* : le jeu campagnard de *tip-cat* se jouait avec une sorte de fuseau de bois d'une quinzaine de centimètres (*the cat*) et une batte. Le joueur devait faire s'envoler le fuseau en le frappant à une extrémité avec la batte, puis l'envoyer le plus loin possible en le frappant à nouveau en plein vol. (J. Struts : *Sports and Pastimes of the People of England*, Londres, 1801). Albert Camus décrit sans le nommer un jeu apparemment très semblable, joué par les jeunes garçons en Algérie au début de ce siècle (*Le Premier Homme*, Paris, 1994, p. 47).

4. *Your cats are always safe i'th' chimney-corner etc.* : jeu de mot sur les sens argotiques de *cat* (= prostituée), *chimney* (= bordel), et allusions aux maladies vénériennes (*burn*).

5. *Stoop, hole...* : jeu de mot sur les termes techniques du jeu de tip-cat et sur l'argot érotique contemporain.

6. *the cackling of geese on the Capitol* : Middleton semble interpréter à contresens la légende des oies sacrées du Capitole dont les cris alertèrent les Romains et permirent à Manlius Capitolinus de repousser les Gaulois en 390 av. J.-C.

7. *Hot-cockles* : le jeu de *hot-cockles*, une variante de colin-maillard, est souvent employé à l'époque comme métaphore du jeu sexuel.

8. *bore double* : le sens précis de l'expression est obscur : Léantio semble vouloir dire que les juments qu'il achète sont deux fois plus fécondes que les autres, mais, ironiquement, il suggère inconsciemment que Bianca lui sera infidèle.

9. *I have't ... pleasure* : jeu de mot sur *standing* (= une place debout/ une érection).

10. *fifty-five* : probablement une allusion flatteuse au roi Jacques Ier qui avait cinquante-cinq ans le 19 juin 1621.

ACTE II

11. *court passage* : *Passage* désigne un jeu de dés qui se jouait à deux avec trois dés. *Court passage* suggère l'image d'aventures sexuelles à la Cour.

12. *a new change* : jeu sur les deux sens de *change* : nouveauté, changement/ bourse de commerce. Une nouvelle bourse s'était ouverte dans le Strand à Londres en 1609 et son utilité était souvent contestée.

13. *lathers, halter* : en anglais, *halter* (la corde du gibet) est l'anagramme de *lather* (la mousse de savon).

14. *save a licence* : le pupille veut que les bans soient proclamés pendant l'office, ce qui le dispenserait de demander à ses frais à l'archevêque de Cantorbéry la licence de mariage nécessaire aux pupilles royaux.

15. *false light* : l'auvent qui protégeait les devantures des drapiers masquait en partie la lumière du jour et il était plus difficile d'estimer la valeur des marchandises.

16. *duke* : au XVIIe siècle, dans le jeu d'échecs, la tour était aussi appelée le duc.

17. *above* : la scène des théâtres publics comportait une galerie qui pouvait être utilisée soit pour y placer des musiciens, soit comme aire de jeu. Les dramaturges l'utilisent pour figurer aussi bien les remparts d'un château (cf. *Richard II* de Shakespeare) qu'un balcon (cf. *Roméo et Juliette*).

18. *the sun* : le prince était traditionnellement associé au soleil, le premier des astres. cf. par exemple *Richard II* :

See, see, King Richard doth himself appear,
As doth the blushing discontented sun
From out the fiery portal of the East,
When he perceives the envious clouds are bent
To dim his glory, and to stain the track
Of his bright passage to the occident. (III, 3, 62-67)

19. *With a greater title set on thy crest* : le passage assez obscur joue sur les termes d'héraldique. Guardiano dit que si les honneurs sont attribués à plus noble que lui, il saura patiemment attendre son heure.

ACTE III

20. *the new disease* : une épidémie de fièvre mal identifiée qui entraîne de violents maux de tête, des troubles de la mémoire et du jugement, et une humeur belliqueuse, se répand en Angleterre à la fin du XVIe siècle. Ben Jonson, notamment y fait allusion dans *Every Man in His Humour*.

21. *orange-tawny = pourpre* : la soie verte est associée aux courtisanes (cf. *Greensleeves*) alors que l'orange, couleur royale est associée à l'ambition et à l'arrivisme.

22. *white boys* : l'expression *white boy* désignait un enfant adorable et chéri. La blancheur souligne l'ironie du rapprochement entre le comble du luxe représenté par les bains de lait et l'humilité de la condition sociale des meuniers.

23. *by that copy, this land still I hold* : le droit de tenure était établi sur présentation d'une copie du rôle de la Cour Seigneuriale. Bianca joue sur les deux sens du mot *report* = rumeur/ procès verbal, minute du greffe.
24. *banqueting house* : ces constructions légères en bois étaient caractéristiques des jardins des grandes maisons de la période des premiers Stuarts. On y servait repas et collations et elles avaient la réputation d'abriter nombre d'amours illicites.
25. *pirates* : le coq-à-l'âne est certes délibéré mais le sujet des pirates était d'actualité. Des expéditions étaient régulièrement lancées pour les chasser. La plus récente était partie le 12 octobre 1620.
26. *French curtesy* : Bianca fait allusion à la fois à la galanterie proverbiale des français, au « mal français » (= syphilis) et à l'impuissance qu'il entraîne. (cf. *stoop* et *bow* I, 3.)
27. *bowls* : le jeu de boules était très populaire dans l'aristocratie et souvent condamné par les moralistes au début du XVIIe siècle.
28. *banquet* : un *banquet* pouvait être une simple collation où étaient servies des friandises parmi lesquelles fruits confits et massepains avaient la place d'honneur.
29. *Rouans* : le nom ne figure pas dans les sources de la pièce et semble avoir été suggéré par la prononciation anglaise très voisine du mot *ruins* (= ruines).
30. *to keep me dry... offend Venus so much* : Vénus est associée aux humeurs chaudes et humides. Le duc joue sur les deux sens de *dry* (sobre / sec).
31. *cat-and-trap* = *tip-cat*. cf. note 3.
32. *fools* : Bianca fait allusion aux débiles mentaux qui l'été couraient la campagne en bandes et joue sur les deux sens de *fool* (un idiot/un dessert voisin de la charlotte) et de *keep* (rester à la maison/ se conserver).
33. *pricksong* : le jeu de mot sur *prick* (copier une musique : d'où *pricksong* = solfège/ pénis) est courant à l'époque.
34. *To make physic work... lady's cheek* : les laxatifs (*physics*) étaient censés être plus efficaces si un peu d'exercice modéré les accompagnait. Isabella dit que le pupille est tout à fait incapable de provoquer le désir véritable.
35. *shift* : Bianca joue sur les trois sens de *shift* tentative/ substitut/ vêtement de rechange.
36. *Will not any strong bridge.... into th' camp once* : jeu de mot sur *bridge* (= un pont/ l'arête du nez). L'affaissement du nez était une des marques de la syphilis particulièrement répandue dans les camps militaires. Un nez de cuir pouvait le dissimuler.
37. *stool-ball* : le jeu de *stool-ball* apparenté au cricket était surtout joué par les femmes à la campagne. Les allusions gaillardes sont évidentes.
38. *breed 'em all in your teeth* : un mari affectueux était censé souffrir de mal de dents pendant la grossesse de sa femme.

Acte IV

39. *dial's point* et *spring* désignent le cadran et le ressort des horloges et des montres mais aussi le pénis et la vulve.

40. *legs* : jeu de mot sur leg = jambe (ou au figuré pénis)/ révérence.

41. *all forehead and no eyes* : le front représente l'impudence, l'effronterie : les yeux la conscience morale.

42. La prune et la nèfle représentent traditionnellement les organes génitaux féminins. La nèfle était également appelée *open-arse*. cf. *Roméo et Juliette :*

> Now will he sit under a medlar tree,
> And wish his mistress were that kind of fruit
> As maids call medlars when they laugh alone.
> O Romeo, that she were, O that she were
> An open-arse and thou a poperin pear. (II, 1, 34-38)

43. *a singing in my head* : une affection fréquente des cocus.

44. *basilisks* : le basilic est un animal fabuleux dont le regard est mortel.

Acte V

45. *galtrop* : la chausse-trappe est un engin de guerre à quatre pointes qui, quelle que soit sa position, a toujours une des pointes dressée. On l'utilisait pour arrêter la cavalerie.

46. *trap-door* : le plateau de scène des théâtres comportait une trappe qui permettait les apparitions et disparitions de personnages.

47. *a devil... at's tail* : dans les interludes comiques, le diable était souvent accompagné de pétards.

48. *out-parishes* : les neuf paroisses situées en dehors de la juridiction de la cité de Londres où il était plus facile d'organiser des spectacles populaires.

49. *grace, merit* : allusion irrévérentieuse à la polémique contemporaine sur le salut par la grâce ou par les œuvres. cf. Epitre de saint Paul aux Romains III, 20-24.

50. *Via Lactea* : d'après William Fulke (1563), cité par J.R. Mulryne, Hébé perdit sa charge auprès de Jupiter lorsque trébuchant accidentellement, elle renversa la coupe et répandit le lait qui forma la Voie Lactée.

51. *antemasque* : le masque (voir introduction) comportait souvent des interludes grotesques interprétés par des comédiens professionnels. La scène de l'offrande des coupes est à la fois un *antemasque* qui précède le masque et un « antimasque » où les personnages mythologiques sont traités de manière burlesque, l'ivresse de Ganymède et d'Hébé créant la confusion qui provoque l'interversion des coupes destinées par Bianca au duc et au lord cardinal.

52. *burning treasure* : David L. Frost pense que dans cette scène, Junon devait ressembler à la Junon dans *Hymenaei* de Ben Jonson, son trône soutenu par des paons et surmonté par une « région de feu » où

apparaissait Jupiter brandissant la foudre. Contrairement à Danaé, c'est un châtiment mortel qu'apporte cette pluie d'or à Isabella.

53. *a blemished face best fits a leprous soul* : le poison ronge le visage de Bianca qui devient ainsi l'image de son âme corrompue, comme le voulait la tradition néo-platonicienne.

Table des Matières

Ce volume,
de la collection « Classiques en poche »,
publié aux Éditions Les Belles Lettres,
a été achevé d'imprimer
en août 2006
dans les ateliers
de Normandie Roto Impression s. a. s.
61250 Lonrai

Dépôt légal : septembre 2006.
N° d'édition : 6452 - N° d'impression : 06-1953

Imprimé en France